OUVRAGES

DU MÊME AUTEUR.

SOUS PRESSE.

1° Un volume contenant la législation et la jurisprudence sur les Mines, dans ses rapports avec la loi de 1791 et 1810. — Moyens de rendre à la propriété les droits qui lui sont assurés par le droit civil et par le droit commun.

2° Premier volume des Rapports de l'Administration publique avec le Code civil, à l'usage des élèves qui se proposent de suivre les cours administratifs.

3° Des rapports et des obligations des Français à l'étranger et des étrangers en France.

4° Pour le mois d'avril le premier volume (annoncé) — Du Ministère public en France.

DE L'ORGANISATION

DU

CONSEIL-D'ÉTAT

EN COUR JUDICIAIRE.

ÉVERAT, Imp., rue du Cadran, n° 16.

DE L'ORGANISATION

DU

CONSEIL-D'ÉTAT

EN COUR JUDICIAIRE;

DE SA JURIDICTION;

DES MOYENS DE LA METTRE EN HARMONIE AVEC LA CHARTE ET DE DONNER LES GARANTIES LÉGALES ET NÉCESSAIRES AUX JUSTICIABLES SUR LES POINTS QUI SONT EN CONTACT AVEC L'ADMINISTRATION PUBLIQUE;

DES CONSEILS DE PRÉFECTURE;

ET DE LA NÉCESSITÉ DE CRÉER DES TRIBUNAUX ADMINISTRATIFS.

Par Routhier,

Avocat aux Conseils du Roi et à la Cour de Cassation, Chevalier de l'Ordre royal de la Légion-d'Honneur, ancien Secrétaire général de Préfecture, ancien Membre de l'Académie de Législation, Membre de plusieurs Sociétés littéraires, Correspondant de l'Académie des Sciences de Saint-Quentin.

AUTORISÉ PAR LE GOUVERNEMENT A PROFESSER LE DROIT ADMINISTRATIF.

Paris,

CHEZ RENDUEL, LIBRAIRE,

RUE DES GRANDS-AUGUSTINS, N° 22;

ET CHEZ LEMOINE, LIBRAIRE, PLACE VENDOME, N° 4.

1828.

DISCOURS PRÉLIMINAIRE.

L'Administration publique, qui forme l'une des branches essentielles de notre organisation sociale, a déjà occupé les publicistes les plus habiles et des hommes d'état recommandables et distingués.

Livré, depuis long-temps et tout particulièrement, à cette étude, ayant eu l'occasion de soumettre la théorie à la pratique, nous hésitions encore, avant de présenter à notre pays le faible tribut de nos méditations et de nos travaux; mais quelques amis, plus élevés que nous dans la carrière, et dignes d'apprécier le sentiment qui nous dirige, sont venus encourager nos vues, tout-à-fait désintéressées et indépendantes.

Pour traiter sainement les questions les plus graves et les plus élevées, il faut les séparer entièrement de tout esprit de parti, il faut se faire l'idée que l'on existe dans un siècle, dans un temps où l'intérêt de tous ne se trouve lié à aucune de ces chances trop fréquentes qui placent et déplacent les hommes et les choses, qui livrent le sort d'une génération entière à des événemens, à des ambitions qu'une législation immuable, fixe et vraiment *constitutionnelle* saurait étouffer et vaincre par la seule force de sa puissance et de sa stabilité.

Nous sommes peut-être arrivés, après des secousses terribles, à ce moment où il sera permis de démontrer qu'en France, plus que dans tout autre climat, l'administration peut avoir un mouvement régulier et facile, être dégagée de tous les ressorts multipliés qui l'embarrassent et qui la gênent.

Il faut surtout que des garanties légales assurent tous les intérêts, et c'est, particulièrement, à ce point essentiel que nous nous attacherons en parlant du contentieux du Conseil-d'État.

Qu'il soit bien compris et bien entendu *que nous ne voulons pas plus toucher et attenter aux prérogatives royales, qu'aux droits sacrés déterminés par la Charte;* ces deux autorités, ces points de direction et de force, doivent être à jamais connexes et inséparables; toute atteinte qui tendrait à les affaiblir ou à les séparer, pourrait nous jeter encore dans le chaos des désordres dont l'expérience et la sagesse doivent nous préserver.

En parlant, par exemple, de Cour administrative supérieure de la partie du Conseil-d'État qui juge les affaires qui intéressent les particuliers, nous n'entendons nous occuper, en aucune manière, du choix libre qu'il plaît au Roi de faire de ses ministres, de ses conseillers pour tout ce qui a trait aux affaires de l'administration publique, du gouvernement de l'État.

Nous saurons si bien séparer ce qui est de pure administration pour l'exécution et pour l'instruction, que tous les hommes de bonne foi, dévoués à la monarchie et à la Charte, verront que nous ne voulons traiter ces questions que dans l'intérêt seul des administrés et des justiciables, c'est-à-dire *poser des points de doctrine et des principes partout où il peut y avoir lieu à dommage, à lésion, à réclamation de la part des administrés;* placer les droits privés qui forment sans contredit aussi une partie essentielle de l'intérêt général à l'abri de l'arbitraire ; démontrer qu'aucun jugement qui intéresse plusieurs parties, ne peut être secret, qu'il doit y avoir défense publique, contradictoire, et jugement solennel, tout aussi bien sur les questions administratives que sur les questions judiciaires, surtout quand elles touchent à la propriété, à l'industrie, à l'existence politique et aux droits légaux des membres du corps social; et, en effet, lorsqu'il y a des formes conservatrices générales, applicables à tous les hommes, à toutes les localités pour la conservation de mon champ, de mes fruits, pourquoi n'obtiendrai-je pas les mêmes garanties pour l'établissement de mon usine, pour le paiement de mes fournitures, pour la confection de mes travaux, et, souvent, pour l'exercice de mes droits politiques?

Nous n'entrons pas les premiers dans la lice pour demander la formation des tribunaux administratifs; les premières indications appartiennent aux auteurs des cahiers, lors de la formation des états, elles ont été renouvelées, avec quelque succès, à l'Assemblée constituante [1] et reproduites il y a quelques années par des hommes d'état qui ont

[1] *Rapport fait au nom du comité de l'Assemblée nationale en* 1790, *d'après le plan présenté par* M. BERGASSE.

Projet de l'organisation du pouvoir judiciaire. Observations sommaires.

Le comité a senti combien il importe de rendre à la justice ordinaire tout ce qu'on en a détaché en faveur des tribunaux d'exception. Il a examiné scrupuleusement les diverses parties de leur compétence..... Mais telle est la complication des affaires d'un grand royaume, telle est leur immense variété, que les juges de paix, les tribunaux de district, les tribunaux de département et les Cours supérieures ne pourraient sans de graves inconvéniens, juger certaines discussions d'une nature particulière. Il proposera donc de donner aux Municipalités le jugement de diverses matières de police; de conserver les juridictions sur les objets du commerce, partout où elles seront nécessaires ou utiles; enfin, d'établir dans chaque département un tribunal d'administration qui jugera d'après des lois précises et des formes déterminées, les affaires contentieuses qui peuvent s'élever à l'occasion de l'impôt ou relativement à l'administration.

fait une étude approfondie de l'administration publique, et parmi ces auteurs estimables nous aimons à citer M. *le baron de Cormenin*.

Que tous les écrivains qui traiteront de ces objets rendent hommage à l'auteur des questions administratives ; il a défriché dans des momens où peu de personnes s'occupaient de cette branche essentielle du gouvernement constitutionnel ; cet administrateur habile a cherché à établir la ligne de séparation, et à prouver que la fusion des affaires administratives, dans l'ordre judiciaire, occasionnerait les inconvéniens les plus graves et les plus sérieux.

La marche de la justice est fixe, invariable, elle a plusieurs degrés de juridiction et une cour régulatrice pour mieux préserver les justiciables de l'erreur et des faiblesses humaines, son action réfléchie exige souvent deux ou trois années d'examen par le tribunal de première instance, de la Cour royale et de la Cour de cassation, tandis que l'administration appartient souvent aux époques, aux localités, aux circonstances, elle doit bien avoir aussi ses règles immuables pour tout ce qui est du droit public, s'accorder pour le fond du jugement des affaires avec le droit commun; mais de trop longues épreuves, des cascades multipliées feraient tomber dans de plus graves inconvéniens que ceux qui existent aujourd'hui, et les mêmes motifs qui, depuis des siècles, ont provoqué une Cour des comptes, seulement pour ce qui appartient aux finances, auraient dû éclairer sur la nécessité de former des Tribunaux et une Cour administrative supérieure pour régler tant d'élémens et de motifs de divergence et de discussions. Parfois l'administration est transitoire, elle doit varier pour tout ce qui est de police conservatrice.

Par exemple, les mêmes réglemens ne peuvent assujétir ceux qui cultivent le bled, la vigne, aux mêmes formes que ceux qui cultivent le riz; elle peut tolérer et même encourager des prises d'eau, des irrigations, des usines, tandis qu'ailleurs la sûreté publique et la salubrité exigent qu'elles les défendent, et s'il fallait, pour mille occasions semblables, attendre des années entières, tous ces établissemens seraient abandonnés; l'industrie qui marche à si grands pas, serait paralysée dans ses développemens les plus essentiels; toutes les sources de richesses, les mines, les carrières qui s'ouvrent de toutes parts, n'offriraient plus aux spéculateurs que des chances trop incertaines et trop éloignées.

Il sera facile de saisir qu'après un long exercice dans diverses parties de l'administration, si nous comprenons que par la forme du gouvernement, et d'après nos mœurs, elle se compose d'élémens distincts et forcément séparés de l'ordre judiciaire, nous sommes loin de ne pas admirer cette dignité constante, ce caractère noble, cette puissance d'indépendance qui ont dirigé, dans tous les temps, le pouvoir judiciaire en France; et l'histoire nous redira les noms des Séguier, des Molé, des Pasquier, elle sera avide de transmettre aussi les arrêts prononcés par les vénérables Présidens Henrion de Pensey et Barbé-Marbois; les réquisitoires sages de MM. Mourre, Courvoisier, de Vatisménil et de tant d'autres Magistrats dont la conduite offrira à l'avenir les meilleurs et les plus beaux modèles.

L'Administration sera toujours la sœur propre de la Justice; mais l'ordre judiciaire applique la loi à tous les points déterminés et positifs, tandis que l'Administration, souvent surveillante de l'ordre public, présente des cas éventuels et a besoin de décisions urgentes débarrassées de longueurs et d'entraves.

Lorsque les points de doctrine seront bien établis, lorsque la Cour supérieure et les Tribunaux de département auront été institués, on verra ensuite paraître un Code administratif régulier, et la génération bénira le ministère qui aura secondé de sa puissance les moyens de rendre la justice égale pour tous, et le Gouvernement lui-même ne sera plus entravé dans les mouvemens que sa force doit imprimer, il ne sera plus incertain lorsque l'Administration sera uniforme et assurée, lorsque toute injustice, tout acte arbitraire sera mis publiquement sous les yeux d'un corps libre et indépendant, les ressorts que les Ministres sont chargés de faire mouvoir, seront plus réguliers et plus simples quand l'intérêt particulier aura la ressource d'un pourvoi qui donnera un résnltat plus efficace et plus prompt.

Nous ne nous permettrons de citer aucun fait particulier pour appuyer notre opinion ; mais, en puisant dans les règles générales, nous pourrions dire que si la section du Conseil-d'État de l'intérieur examine sept à huit mille affaires par année, de sa propre autorité, sur le renvoi du Ministre, et sans que son avis oblige nécessairement le Ministre pour la proposition de l'ordonnance au Roi, il peut y avoir au moins quatre mille de ces avis émis, sans le concours de la partie intéressée, sans aucune connaissance de sa part; et ces quatre mille affaires intéressent, on ne peut plus essentiellement, ceux contre lesquels ils sont donnés. Si l'affaire intéresse un militaire aux armées, on conviendra que l'ordonnance sera rendue sur la demande du ministre, que la famille n'aura plus de recours, que son espoir de fortune sera à jamais perdu, tandis que l'établissement d'une Cour supérieure, emportera avec lui la nécessité de la défense contradictoire, toutes les fois que les parties intéressées pourront être mises en cause, si elles le jugent convenable. Les anciennes ordonnances des rois de France tendaient à se rapprocher des moyens d'arriver à la conservation des intérêts privés, par l'institution qui date depuis plusieurs siècles des avocats aux conseils chargés de suivre et de soutenir les droits des tiers pour tout ce qui peut avoir trait au contentieux.

Si la marche administrative n'était pas régularisée, il arriverait qu'un maire, prenant sur lui plus d'autorité que les réglemens ou la loi ne lui en attribuent, rédigerait et publierait des réglemens tout-à-fait opposés à la liberté individuelle, qu'il voudrait créer ou faire disparaître des servitudes, et ces malheureux exemples sont trop fré-

[illegible] oment, sous les,

[illegible] e la saine partie

des notables d'une commune a dénoncé au Ministre de l'Intérieur. Ce réglement qui tout en ordonnant le balayage du pavé, en défendant aux étourdis de chanter la nuit dans les rues, de frapper aux portes et contrevents des maisons, en ordonnant aux cabaretiers de ne plus donner à boire aux habitans après neuf heures du soir, dispose qu'il est également défendu aux différens propriétaires de chevaux de les conduire et de les faire abreuver à la petite rivière qui traverse la commune, attendu que le Conseil municipal a consenti à la suppression de cet abreuvoir, etc., etc. Ce réglement, qui a douze articles, a confondu les droits de servitude et de propriété avec les plus simples mesures de police, il reçoit son exécution, et on traduit en justice les hommes les plus distingués du pays qui osent user des droits anciennement acquis.

C'est cette classe de propriétaires et de cultivateurs, hommes si précieux, si utiles à notre belle patrie, qu'il faut protéger et garantir de toute atteinte, de toute mesure illégale: ils ont sans doute de nobles et de généreux défenseurs de leurs droits à la tribune de la Chambre des Pairs et des Députés; mais il faut les attacher au Gouvernement par la preuve que des garanties durables et solides les préservent d'être le jouet du caprice ou du peu d'instruction de quelques fonctionnaires. En citant ces faits, nous sommes loin de ne pas rendre justice à la très-grande majorité des notables qui occupent les places de la magistrature municipale; la plus grande partie des maires sont entourés de la vénération de leurs administrés.

La France est encore riche en bons administrateurs; plusieurs ont paru à l'Assemblée constituante et à l'Assemblée législative, ils étaient presque tous en même temps, hommes d'état et jurisconsultes ; nous pourrions citer des noms bien célèbres et bien honorables, tels que ceux de *MM. Malouet*, *Girardin*, *Mounier père*, *Thouret*, *Beugnot*, etc.

Dès cette époque, l'expérience avait démontré qu'il pouvait sortir un ordre judiciaire parfait de tous les parlemens, de tous les châtelets, de tous les bailliages, de toutes les prévôtés, vicomtés, sénéchaussées, vigueries, châtellenies, présidiaux, conseils supérieurs, etc.

Il pouvait aussi sortir de bonnes administrations, des intendances, des subdélégations, des commissions intermédiaires, des amirautés, des cours des monnaies, des élections, des greniers à sel, des cours des aides, des bureaux de finance, etc.

Il fallait bien que tant de tribunaux différens, que tant de coutumes, presque toutes dissemblables, fissent désirer un code unique, une justice réglée, un monument qui ſera à jamais honneur au siècle qui l'a conçu.

Ainsi la France a ses lois positives pour régler les droits de succession et de propriété; mais il reste encore une tâche à remplir : les administrations simplifiées, sorties de cette multiplicité de rouages irréguliers et incohérens, ne sont pas encore en harmonie avec les droits consacrés par la Charte, il faut faire maintenant pour l'administration publique ce qu'on a fait pour l'ordre judiciaire, il faut des règles immuables pourtout ce qui n'est pas transitoire, de simple prévoyance ou de nécessité momentanée; on y arrivera si l'on pose des bases, et si les jugemens administratifs sont contradictoires et obtiennent de la publicité. Il faut qu'un Code administratif comprenne tout le code rural, tant demandé, tant attendu; il faut que les chemins vicinaux et toutes les communications soient uniformément assurés, que les hopitaux, les maisons de réclusion, les prisons et tout ce qui est l'asile du malheur ne soient pas visités pour la simple forme; que leur administration soit sérieusement connue et dirigée par les magistrats chargés d'en connaître; il faut que les conseillers municipaux et les maires soient entourés d'une force et d'une considération que proclamera le choix libre de leurs concitoyens [1]; et, pour éviter les administrateurs improvisés, pour que la faveur ne supplée pas aux talens et aux connaissances nécessaires, il faut

[1] Les maires et adjoints étant tout à la fois les représentans de leurs concitoyens et des magistrats chargés de l'exécution des ordres du gouvernement et de l'administration, il paraîtrait juste qu'ils fussent nommés par le Roi et choisis dans le conseil municipal qui serait nommé par les habitans payant une contribution, et, pour ne pas multiplier les assemblées, il y aurait toujours un cinquième de membres suppléans.

que l'étude de l'administration pratique soit obligée, de même qu'un avocat n'a pas son titre sans épreuves préliminaires, sans un cours d'études si bien cultivées et si bien professées maintenant, il devient indispensable que l'on exige de celui qui doit disposer administrativement de nos plus chers intérêts, des principes plus solides et plus sérieux que ceux que peuvent donner de simples connaissances sur l'idéologie de l'administration publique, ces sortes de principes restent, presque toujours, dans les volumes énormes dont ils sont tirés, et la science administrative n'est reproduite qu'en pure théorie.

Peut-être, par suite, exigera-t-on que l'administrateur ou le magistrat, appelé à juger des questions d'administration publique, soit en état de répondre sur toutes les qualités essentielles, sur toutes les connaissances de droit public, de droit privé qu'exige cette vaste étude, sur les lois, les réglemens qui ont rapport aux arts, à l'agriculture, à l'industrie, à la police, aux finances; qu'il sache raisonner d'une manière aussi claire que s'il était prêt à émettre un avis prompt et précis sur chaque branche confiée à ses soins : alors les intérêts privés seront à l'abri de toute atteinte, et il n'y aura plus autant de réglemens divers en France qu'il y avait autrefois d'usages et de coutumes.

Déjà le Gouvernement s'est occupé des moyens d'arriver à ce but en rétablissant la chaire administrative confiée à un homme d'état, savant modeste et essentiellement homme de bien.

Ces idées, cette manière de voir ne viennent pas de nous arriver tout à l'heure, parce que ces importans objets sont en discussion dans ce moment; il y a long-temps que nous méditons; il y a bien des années que *MM. Toullier et Carré* prenaient connaissance de nos vues et de nos plans; les souvenirs de *S. G. le Ministre de la justice* la porteront sur la bienveillance avec laquelle son vertueux père, l'un de nos plus beaux modèles d'érudition et d'éloquence, voulait bien accueillir, il y a plus de vingt ans, nos faibles essais sur diverses parties d'administration et sur un code rural; et, depuis, en remplissant (temporairement et par délégation [1]) les fonctions de préfet, et c'est aussi dans les concours publics, et principa-

[1] Il me serait difficile en rappelant la confiance que l'ancien président de l'Assemblée constituante, M. Mounier, que les barons Bonnaire et Méchin, successivement préfets de Rennes, m'ont accordée lorsque j'étais secrétaire-général de la préfecture, de ne pas dire un mot du bien qu'ils ont fait, de la vénération et de l'estime dont ils ont été entourés, de leurs vues élevées et sages en administration, de leur respect pour les principes de la véritable liberté. Mais les souvenirs et la gratitude des Bretons, de cette population si intéressante, pleine d'énergie et de bons principes, ont été et seront toujours pour ces hommes de bien la plus belle et la plus douce récompense.

lement en concourant pour la chaire de procédure civile laissée libre par le décès de M. Pigeau, que nous avons pu reconnaître que le roi de France et le corps social entier auraient tout à gagner en déterminant un mode uniforme pour juger toutes les affaires administratives qui sont en rapport avec les intérêts privés.

DE L'ORGANISATION

DU

CONSEIL-D'ÉTAT

EN COUR JUDICIAIRE.

CHAPITRE PREMIER.

Les monarques qui vivent sous les lois fondamentales de leur état, sont plus heureux que les princes despotiques, qui n'ont rien qui puisse régler le cœur de leurs peuples ni le leur.

(MONTESQUIEU, chap. XI. — *De l'excellence du gouvernement monarchique.*)

DU CONSEIL-D'ÉTAT EN FRANCE.

Depuis la création de la Charte, des attaques ont été dirigées, à chaque session des Chambres, contre le Conseil-d'État; ces attaques viennent de se renouveler avec plus de vigueur que jamais; une proposition a même été faite, de supplier le Roi de proposer aux Chambres une loi spéciale sur le Conseil-d'État. Les esprits semblent s'attacher fortement, aujourd'hui, à la solution des questions graves soulevées par rapport à ce conseil, et la désirer. On lui reproche, d'abord, l'inconstitutionnalité de son existence, et, en second lieu, une organisation telle, qu'elle présente un défaut complet de garantie contre la partialité, la dépendance et l'erreur dans ses décisions.

Dans cet état des choses, nous avons cru pouvoir publier les réflexions que notre ministère, près le Conseil-d'État, nous a mis à portée de recueillir sur les hautes questions que nous venons d'énoncer.

Notre dessein est de faire remarquer, d'abord, ce qu'est le Conseil-d'État, considéré tel qu'il existe aujourd'hui, ensuite d'examiner si, dans cet état, il existe constitutionnellement, ou non; mais nous nous abstiendrons de toute digression inutile, et d'entrer dans le détail de plusieurs opinions déjà savamment émises. Enfin, notre dessein est de reconnaître en quoi et comment le Conseil-d'Etat devrait être réformé.

Pour arriver à une définition vraie du Conseil-d'État, nous avons besoin de recourir à des principes élémentaires, de faire voir sur quelles bases nous appuyons nos raisonnemens et nos conséquences ; nous avons besoin, aussi, de comparer le Conseil-d'État aux autres *conseils*, admis et établis dans l'organisation politique de la France. En effet, c'est par la connaissance des principes constitutifs d'un *conseil* considéré en général, c'est en appliquant ces principes au Conseil-d'État actuel, c'est enfin par la comparaison, dont nous venons de parler, que l'on peut avoir une idée parfaite du Conseil-d'État.

Nous allons donc commencer par examiner ce qui constitue un *conseil*.

CE QUE C'EST QU'UN CONSEIL.

Un conseil, proprement dit, est un avis donné à quelqu'un sur ce qu'il lui convient de faire ou de ne pas faire, soit dans son intérêt personnel, ou dans celui d'un autre dont il est le représentant. Celui que quelqu'un consulte habituellement pour avoir son avis, ou conseil, est, par rapport au consultant, ce que nous appelons son *conseiller*.

Lorsque plusieurs personnes sont appelées à donner en commun leur avis sur ce qui leur est proposé, elles se réunissent en *conseil*, c'est-à-dire pour le conseil, et si ces personnes sont constituées pour donner habituellement conseil en commun, leur réunion prend le nom de son objet; on l'appelle pareillement le conseil, et chaque membre reçoit le nom de conseiller.

Voyons, à présent, quelle est l'autorité d'un conseil donné, et par suite d'un conseiller, d'un corps de conseillers en conseil.

On conçoit que quelqu'un qui a, d'après la la loi, la libre et pleine disposition de sa personne et de ses biens, a, par conséquent, tout à la fois, le droit exclusif d'agir et de faire par lui-même, et celui de délibérer par lui-même avant d'agir et de faire. Si donc cet individu prend l'avis, le conseil d'autrui, s'il se donne des conseillers, ces avis, ces conseils ne l'obligent pas, ne l'assujettissent pas à faire, ni ne l'empêchent pas de faire, car il ne les prend que dans son propre et exclusif intérêt. Les conseillers n'ont aucune autorité légale sur lui, ni sur ses actions, ils n'ont que l'autorité morale de la persuasion; et comme il lui appartient de peser, de juger l'avis, le conseil qu'on lui a donné, il peut l'admettre ou le rejeter en tout ou en partie, selon qu'il le trouve conforme ou non à ses vrais intérêts, et basé ou non sur sa vraie position; en un mot, il ne fait qu'emprunter les lumières d'autrui pour les ajouter ou pour suppléer aux siennes propres, sans, pour cela, être tenu d'en faire usage, puisque lui seul souffrira de n'avoir pas suivi de sages avis, et qu'il n'a de compte à rendre à personne.

Mais il en est autrement, lorsque quelqu'un gère la chose d'autrui; car il remplit un mandat qui est un contrat, il est responsable, il est comptable. En ce cas, ou il a reçu un mandat illimité, ou un mandat limité.

S'il a reçu un mandat illimité, il est bien encore le maître de ne pas prendre des conseils, ou de négliger ceux qu'il a pris, car il a les mêmes pouvoirs que son commettant, c'est-à-dire de délibérer et d'agir par lui-même; mais comme il est présumable que le commettant, s'il n'eût pas conféré ses pouvoirs à un autre, aurait géré sa chose en bon père de famille, et qu'il aurait pris et suivi les conseils d'hommes connus pour sages dans les cas difficiles ou douteux, le mandataire ne peut, sans s'exposer au reproche d'*imprudence*, au reproche de n'avoir pas bien géré, se dispenser de faire, comme aurait probablement fait son commettant, c'est-à-dire de prendre et suivre les conseils des hommes connus pour sages, et d'en référer, avant tout, au commettant lui-même. Par là, quoique ses pouvoirs soient illimités, comme il n'est pas moins dominé par une responsabilité morale, il mettra cette responsabilité à couvert. Ces conseils deviendront donc son palladium. S'ils n'ont pas eu la vertu de l'obliger à faire, ils ont la vertu de justifier ce qu'il a fait. Voilà pourquoi les princes, investis par leurs sujets d'un pouvoir absolu, ne laissent pas que de s'entourer de conseillers, pris parmi l'élite de ces mêmes sujets, pour les aider à délibérer dans tous les cas importans ou difficiles, et d'énoncer dans leurs ordonnances qu'elles sont émises de l'*avis du conseil;* en sorte qu'ils ne restent plus obligés, envers leurs peuples. En France, par exemple, le roi n'embrasse aucune responsabilité; sa personne est inviolable et sacrée; les ministres sont responsables de tous les actes de l'administration publique qu'ils ont contresignés.

L'autorité tutélaire et constitutionnelle, qui régit la France, a placé, par sa propre organisation, des formes conservatrices qui préserveront l'avenir de tout danger à ce sujet. Le Roi a dit : « Voilà le pacte qui m'unira à ja-
» mais à la France, je jure de le maintenir,
» et ce serment sera maintenu par mes succes-
» seurs. » La France entière a répété le serment du Roi.

Il faut bien distinguer entre les conseils ou conseillers constitués de la partie intéressée, et les conseils ou conseillers, de celui qui administre pour la partie intéressée. En effet, c'est sur ces deux bases distinctes, placées l'une à côté de l'autre, qu'est établi tout notre édifice politique.

Cette observation nous conduit à en faire l'application au cas où il s'agit d'intérêts communs à un nombre de personnes tel qu'il leur est impossible de concourir, tous, aux mêmes délibérations et aux mêmes actes d'administration, et nous plaçons, en premier ordre, les sociétés non politiques pour entreprises civiles ou commerciales, car, outre que tous les intéressés sont représentés par un ou deux, ou trois gérans, ils sont en outre représentés, pour le pouvoir délibératif, par des conseillers spéciaux qu'ils nomment, et dont la volonté unanime, ou à une majorité déterminée, fait la loi commune, tandis que le gérant, ou les gérans, n'ont que le pouvoir d'exécution.

Nous plaçons en second ordre tous les établissemens de charité et d'utilité publique, tels que les hospices pour les malades, ceux pour les pauvres, les fabriques, etc. Tous ces établissemens ont, non-seulement des administrateurs, mais aussi des conseils d'administration, et les délibérations de ces conseils font la loi pour les administrateurs, de même qu'elles font la loi pour ceux qui ont un intérêt personnel à la prospérité, à la bonne administration de l'établissement, en sorte que ces conseils représentent les intéressés, quels qu'ils soient, connus ou inconnus, présens et futurs; ils ne sont pas les auxiliaires des administrateurs, mais leurs adversaires, car c'est à eux que les administrateurs doivent rendre compte.

Ces diverses observations ne paraîtront pas surabondantes aux personnes familiarisées aux règles de l'administration publique. Nous ne les avons rattachées que très-incidemment au sujet que nous avons à traiter; ce qui doit nous conduire à des vues plus générales et d'un ordre plus élevé.

Quant aux sociétés politiques, nous les passerons en revue dans le chapitre suivant.

CHAPITRE II.

DES SOCIÉTÉS POLITIQUES ET DE LEURS CONSEILS.

Nous commencerons par parler des conseillers des administrés; nous parlerons, ensuite, des conseillers des administrateurs.

Le territoire national est divisé, comme chacun sait, en communes, en cantons, arrondissemens et départemens. Les communes sont les plus petits élémens, les départemens sont les plus grands.

Le territoire et les habitans d'une commune, ainsi que tous les intérêts communs à ces habitans, sont administrés par un magistrat qu'on nomme *maire*, nom qui paraît dériver du mot latin *major ;* dans la Belgique le maire est désigné sous le nom de *mayeur*. Ce magistrat est le représentant, le mandataire politique des habitans de sa commune; il est quelquefois leur comptable, il est responsable envers eux; mais il n'est leur représentant que pour les actes même d'administration. Il ne fait que les actes qui lui sont prescrits par les lois ou les réglemens, ou par le vote des habitans. Il ne peut faire des dépenses qui n'auraient pas été votées; et, comment sont-elles votées? Par un conseil composé d'un certain nombre de notables habitans, lequel conseil n'a pas seulement l'autorité de la persuasion, mais un pouvoir faisant loi, le pouvoir de vouloir, c'est-à-dire, de consentir ou de refuser; en un mot, ce conseil représente tous les habitans dans leur volonté, il délibère pour eux, tandis que le maire agit pour eux. Voilà donc une double représentation, l'une pour la délibération, l'autre pour l'exécution.

Nous venons de dire que le maire et le conseil municipal sont les représentans de l'universalité des habitans ; ils sont leurs représentans envers et contre tous, envers les simples individus, comme envers la nation entière.

Ils ne sont pas les représentans de la nation, ni de tous autres, vis-à-vis des communes (car nous allons voir qu'ils sont les représentans des communes vis-à-vis la nation) ; ils ne peuvent donc tenir leur pouvoir que de ceux qu'ils représentent, et non de ceux contre qui ils représentent, et nous remarquons, comme une chose étrange, comme une chose contradictoire à la fonction, que les maires ne soient pas nommés par ceux qu'ils représentent, mais au contraire par ceux contre qui ils représentent. En effet, tout représentant doit tenir ses pouvoirs de celui qu'il représente, lorsque le représenté est un être doué de raison et reconnu par la loi comme capable de vouloir et de faire par lui-même; or, qui oserait prétendre que les habitans d'une commune ne doivent pas avoir la gestion libre et entière de tous les intérêts qui sont privatifs à leur sol (nous pensons même, comme nous l'avons dit dans notre introduction, que les maires devraient être choisis par le roi dans tout le conseil municipal nommé par les habitans). Si ceux-ci ne doivent pas être en tutelle pour leurs affaires privées et pour le gouvernement de leurs familles, et si le gouvernement politique ne répugne pas de s'adresser à eux pour des services personnels et des contributions pécuniaires, on ne voit pas pourquoi ils seraient hors le droit commun et traités comme des enfans pour leurs intérêts communs; car, pour être conséquent, il faudrait donc, aussi, leur ôter le droit de nommer leur conseil municipal; mais on sent que ce droit doit exister, de même qu'il appartient à la nation entière de nommer des députés.

La nation entière ne se compose que d'hommes semblables à ceux des communes; mais, par la même raison encore, les gouvernans eux-mêmes sont pris parmi *les hommes de la nation*, parmi les familles qu'elle a choisies, et dont l'existence politique lui appartient, qu'elle révère, qu'elle conserve, et dont elle reconnaît l'autorité et la puissance.

On voit par ce développement, dont on ne saurait contester la justesse, qu'on ne doit pas priver les communes du choix de leurs organes naturels et nécessaires; et il est à présumer qu'une administration éclairée, conséquente avec les principes, rendra libre l'exercice de ces droits communaux qui sont le patrimoine des premiers temps de la monarchie.

Cette digression apparente, de notre part, n'en est pas une en réalité, car elle n'est pas tellement inutile qu'elle ne concourt, en quelque chose, à faire ressortir la place et les fonctions du Conseil-d'État, dans l'ensemble des institutions nationales; mais, fût-elle inutile pour remplir le plan que nous nous sommes proposé, on ne nous saura pas mauvais gré, nous l'espérons, d'avoir ici, accidentellement, placé des remarques qu'on ne trouvera pas indignes d'attention, ni intempestives, puisqu'aujourd'hui on réclame à grands cris, et avec raison, une nouvelle organisation du système municipal.

Revenons donc, à présent, au conseil municipal.

Ce conseil n'est pas seulement chargé de vouloir pour la masse des habitans, il la représente aussi pour recevoir le compte dû par l'administrateur.

Ainsi, un tel conseil se trouve, par le fait, placé entre la masse des habitans et leur administrateur; mais néanmoins, quoique intermédiaire, il ne représente que la masse des habitans vis-à-vis de leur administrateur, non l'administrateur vis-à-vis la masse des habitans, car il ne tient et ne doit tenir aucun pouvoir de lui. Ce conseil est l'intermédiaire de telle sorte que, lorsque l'administrateur fait ce qu'a délibéré le conseil, il a fait ce que la masse des habitans est censée avoir elle-même délibéré; et que, lorsque l'administrateur a rendu compte au conseil et en a obtenu sa décharge, il est réputé avoir rendu compte à la masse elle-même, et en avoir obtenu sa décharge. Il est donc évident que le conseil, par la nature de ses pouvoirs et de ses fonctions, est l'adversaire du maire et non son représentant, ni son auxiliaire, toutes les fois qu'il s'agit de surveiller l'exécution du mandat de la part du maire, et d'ouïr et débattre le compte rendu de cette exécution. Il serait conséquemment bien dérisoire que le maire eût le pouvoir de nommer les fonctionnaires chargés de surveiller et de contrôler ses propres actes, comme il le serait qu'un tuteur pût nommer le conseil de famille et le subrogé tuteur, comme il le serait que les ministres pussent nommer les députés; c'est-à-dire le grand conseil de la nation.

A l'égard des *cantons*, il n'existe pas d'administrateurs de *cantons*, parce que les cantons ne sont pas des territoires communs; dans notre organisation, entre le plus petit élément et le tout, on passe subitement de la famille communale à la nation entière; ainsi du territoire communal on passe subitement au territoire départemental.

Mais si le territoire d'un canton n'est pas soumis à un administrateur commun, parce qu'en effet il n'est pas commun à tous ceux qui l'habitent, n'étant que la réunion de plusieurs territoires communaux, dont chacun reste propre à la masse de ses habitans particuliers, sans que les habitans des autres territoires du même canton y aient aucun droit; et si, par conséquent, les cantons n'ont pas besoin d'administrateurs, ils peuvent pourtant avoir besoin de conseillers. En effet, cette composition des cantons a eu lieu pour faciliter l'action du gouvernement, dans les diverses branches de l'administration, sur toutes les parties du territoire national. Par exemple : le Roi est chargé de faire rendre la justice à tous; mais il n'était pas nécessaire d'instituer des juges dans chaque commune, car un juge suffit pour plusieurs communes. On en a donc réuni plusieurs sous le nom de canton, et chaque canton est devenu le siége d'un administrateur de la justice. De même, il peut arriver, et il arrive quelquefois, que le gouvernement répartisse par cantons seulement, non par communes, certaines charges, ou générales, ou particulières à un département, ou particulières à un arrondissement. En ce cas, de même qu'une commune a intérêt d'examiner et de critiquer l'attribution qu'on lui fait d'une certaine portion des charges publiques pour la répartir ensuite sur ses habitans, un canton, à qui on fait une semblable attribution, a intérêt de l'examiner et de la critiquer avant de l'adopter et de s'y soumettre; car celui à qui on demande a toujours le droit d'examen. Par qui se fera cet examen, au nom et dans l'intérêt des habitans de tout un canton? Par un conseil ou réunion d'hommes élus, qui seront, dès lors, les mandataires de la masse pour délibérer, qui seront les représentans pour consentir ou refuser, en tout ou en partie, ce qui leur est demandé. De plus, il peut arriver que certains établissemens destinés à l'utilité cantonnale, par exemple, un hospice, existent dans le canton, ou y soient désirés; que des chemins soient à créer ou à réparer. De tels établissemens sont une source de dépenses communes. Il faut donc, encore, voter la construction, et par suite, la dépense de la construction et de l'entretien; il faudra, enfin, préposer à l'établissement des administrateurs spéciaux. Qui émettra ce vote, arrêtera la dépense de premier établissement et d'entretien?

La masse ne le peut, il faut donc encore des représentans, un conseil.

Mais ces conseils ne sont pas encore établis dans l'ordre politique; ils sont à naître, et pourraient être formés par l'élection, soit du maire, soit d'un membre de chaque conseil municipal; ils exprimeraient les vœux des administrés, dont ils défendent les intérêts.

Quant aux *arrondissemens* et aux *départemens*, ils ont aussi des conseillers et point d'administrateurs. En effet, il y a des conseils d'arrondissement et des conseils de département, qu'on appelle conseils généraux. Il y a bien des administrateurs spéciaux pour certains établissemens qui profitent à tout un arrondissement ou à tout un département; mais il n'y a pas d'administrateurs généraux d'arrondissement ou de département, comme représentans et chargés des pouvoirs de la masse des habitans d'un arrondissement et d'un département, car les préfets et les sous-préfets sont les agens de l'administration générale, non ceux d'une portion d'administrés. A l'égard, donc, des conseils d'arrondissement et de département, tout ce que nous venons de dire, jusqu'à ce moment, au sujet des cantons et des conseils de canton, peut leur être applicable, puisque leur mission est de voter et de répartir les impôts, et de faire la distribution des charges locales. Nous nous réservons de publier, sur cette partie importante de l'administration publique, des vues qui feront aisément comprendre que le gouvernement et ses administrés peuvent tirer le plus grand parti des lumières de ces représentans directs des administrés, qui, connaissant le sol et ses ressources, sont en état de jouer un rôle plus étendu dans l'intérêt du pays, au lieu d'être de simples instrumens passifs d'un vote assez régulier des charges et des impôts.

Enfin, viennent les représentans généraux de la nation, auxquels nous allons consacrer un chapitre particulier.

CHAPITRE III.

DES REPRÉSENTANS GÉNÉRAUX DE LA NATION.

Nous avons dit qu'une commune est *l'élément* politique, tant pour le personnel que pour le territoire, et nous devons dire, ici, que l'État est le *tout politique*, tant pour le personnel que pour le territoire.

Ainsi, les principes du gouvernement doivent être les mêmes pour une commune que pour l'État, et *vice versâ*, sauf que la différence du petit au grand, exige un nombre différent d'administrans et de conseillers. S'il en était autrement, il n'y aurait pas harmonie; or, l'harmonie seule est la preuve certaine de la perfection dans les ouvrages des hommes comme dans ceux de la nature. Le défaut d'harmonie n'a pas seulement le désavantage de désunir, de présenter un mélange d'attributions incohérentes, qui fatigue l'esprit de celui qui en est continuellement le témoin; il en a un plus grand encore, qui est le principal, celui d'embarrasser la marche de l'administration, de la rendre lente et irrégulière, car il y a toujours conflit, choc, obstacle, là où il n'y a pas harmonie.

Le maire est le chef suprême de sa commune; il est à la fois le représentant de tous ses administrés, et, dans plusieurs circonstances, l'organe et l'agent du gouvernement, puisque les ordres des ministres, des préfets, des sous-préfets lui sont transmis, et qu'il devient responsable de leur exécution. On ne saurait trop honorer cette noble et pénible fonction, généralement si bien remplie et avec tant de désintéressement.

Mais à part que maintenant les maires ne sont pas nommés par les citoyens comme ils devraient l'être, ce qui fait qu'ils ne savent pas s'ils sont les défenseurs des citoyens contre les demandes de l'État, ou bien les préposés de l'Etat pour faire exécuter contre les communes les exigences de l'Etat; nous devons avouer que l'harmonie que nous réclamons existe pour le surplus, entre le système administratif des affaires de l'Etat et celui des affaires des communes, car le gouvernement de l'Etat est composé, comme celui des communes, de deux élémens distincts et séparés : le pouvoir délibératif et le pouvoir exécutif. La nation a son grand conseil et son administrateur suprême.

Ce conseil, c'est le conseil composé des élus, des députés de la nation; qui, à l'instar du conseil municipal, vote, chaque année, les dépenses de l'Etat, et examine le compte rendu des dépenses de l'année précédente; c'est la Chambre des Députés qui est admise à concourir, avec le Roi et la Chambre des Pairs, à fixer les bases de l'administration publique. C'est donc le concours des trois grandes autorités, qui, dans l'ordre constitutionnel, forme le véritable conseil national; en sorte que le grand conseil national est partagé en trois sections; mais elles ont une attribution commune, celle de représenter la nation dans la faculté de délibérer: l'une, par suite d'un mandat exprès et périodique donné par tous les intéressés, ou au moins par ceux des intéressés auxquels leur fortune donne un plus grand intérêt à la prospérité commune; et l'autre, par suite d'un mandat héréditaire. Ces deux grands corps sont investis du pouvoir de délibérer pour la nation entière, non seulement à l'égard de ce qui est futur, mais aussi à l'égard de ce qui a été fait, car un compte général de l'état de la nation et de ses affaires leur est rendu à l'ouverture de chaque session, ouverte par le Roi en personne, et des comptes particuliers et détaillés leur sont ensuite rendus au nom du Roi, par ses ministres, pour chaque branche de l'administration générale.

En sorte que, de même que le conseil municipal représente la masse des habitans de la commune, vis-à-vis du maire lorsqu'il rend compte de son administration passée, et qu'en cette circonstance le conseil municipal joue le rôle de partie adverse par représentation; ainsi, lorsque le Roi fait rendre compte en son nom aux Chambres de l'emploi des revenus de l'Etat, les Chambres remplissent une fonction défensive et critique par représentation de tous les Français, car ce moment est pour le fait du compte rendu et de son examen, de sa critique. Le Roi, sans rien perdre de son autorité souveraine, n'agit plus en ce cas par lui-même, il vient dire au peuple Français : Voilà ce qui a été fait en votre nom; je viens livrer l'administration publique à vos lumières, à votre critique, à votre examen. Il continue néanmoins à être le représentant pour tout ce qui est à faire, mais il veut que le gouvernement, représenté par les ministres, rende compte à la nation, et il place l'action du mandataire en face des commettans; aussi nous semble-t-il que, dans ce moment solennel du compte rendu, les Chambres *prennent un caractère de majesté que le Roi lui-même ne méconnaît pas*, lorsqu'il se rend en personne au sein de la représentation nationale pour lui exposer la situation du royaume, et lorsque les ministres chargés d'éclairer la France sur l'état de l'administration, viennent rendre leurs comptes particuliers, et demander leur décharge pour le passé.

DES CONSEILLERS ET DES ADMINISTRATEURS.

A présent que nous avons parcouru l'échelle des conseillers des administrés, en remontant, parlons des conseillers des administrateurs; et, en premier ordre, des administrateurs, de la place qu'ils tiennent entre la nation et les particuliers, nous comprendrons plus aisément ce que sont leurs conseillers.

A l'égard, donc, des administrateurs, nous ferons d'abord une observation fort importante, c'est que, s'il est dans l'ordre naturel que les administrés nomment leurs conseillers propres, c'est-à-dire, ceux à qui ils délèguent leur volonté, et leurs administrateurs propres, c'est-à-dire, ceux à qui ils délèguent leur action, il est dans l'ordre aussi, quand cette action est tout entière déléguée à un seul, que celui-ci, qui devient responsable de tout, ait le droit et le pouvoir de faire tout, soit par lui-même, soit par ceux à qui il distribue les diverses parties de son pouvoir général, pourvu que ni lui, ni ses délégués, ne dépassent les bornes prescrites par le pacte constitutif; qu'il a conséquemment le droit naturel de se donner des conseillers, des auxiliaires pour l'éclairer et l'aider dans l'exécution et l'accomplissement du grand œuvre dont il est seul chargé.

Ainsi, le Roi, comme investi du pouvoir général de faire pour toute une nation, est le représentant supérieur de toute cette nation, et conséquemment de chacun de ses membres, pour tout ce qui est d'exécution, d'action. Tous les pouvoirs individuels, quant à ce, se trouvent concentrés dans la même main, de même que dans un cercle, tous les points de la circonférence et des rayons aboutissent et se confondent au centre.

Le Prince représentant toute la nation en est conséquemment l'image. En sa personne se trouve toute la majesté de la nation, elle est aussi sacrée, aussi vénérable que la patrie même, et c'est avec raison que nos lois ont assimilé l'attentat commis contre le Prince au crime de parricide; de même que chez les Romains l'attentat contre la patrie était qualifié crime de lèse-majesté, comme celui commis contre le Prince lui-même, parce qu'en effet la majesté de la nation et celle du Prince se confondent et ne font qu'une.

Ainsi, une fois que la volonté de la nation est arrêtée et fixée par les conseillers de la nation, elle est mise en dépôt entre les mains du Prince, comme magistrat suprême, pour qu'il l'exécute ou la fasse exécuter.

Le but de toute association politique est de ne former qu'un seul corps, afin que le corps entier protège chacun de ses membres, et dès lors chacun des membres doit concourir aussi à la défense, à la conservation du corps entier. Il y a donc un contrat formé entre chaque membre et le corps entier : contrat qui lie le tout envers la partie et la partie envers le tout. Il y a dette, obligation réciproque, et c'est à l'exécution de cette obligation réciproque que le Prince est essentiellement chargé de tenir la main.

Le Prince, donc, étant l'image de la nation, c'est à lui que doivent s'adresser les individus ou les sociétés partielles d'individus qui réclament la protection de la société entière; car, au moyen de cette protection due, nul n'a le droit de se faire justice par lui-même; et comme cette protection est réglée par les lois, tout se borne, de la part des individus, à demander au Prince ou à ses délégués l'exécution des lois.

Par la même raison, toutes les fois que le corps entier doit exiger de ses membres individuellement, l'acquittement d'une dette quelconque, c'est par le moyen du Prince que cet acquittement est demandé, et, en satisfaisant au Prince, on satisfait à sa patrie, à la nation entière. Les dettes des individus envers le corps entier sont également déterminées par des lois soit perpétuelles, soit périodiques, et tout se borne, de la part du Prince, à faire exécuter ces lois à l'encontre des individus.

On voit donc, par là, qu'il y a une double action dans toute l'économie politique : l'action de la masse envers les membres et celle des membres envers la masse, et c'est ce qui confirme et prouve complètement la justesse de la distinction que nous avons faite *entre les conseillers des administrés, et les conseillers des administrateurs, entre les administrateurs des individus et des sociétés partielles, et les administrateurs de la société entière.*

Nous venons de parler de la protection due par le corps entier à ses membres ; mais il ne faut pas confondre entre protéger et usurper les droits. La protection consiste à protéger les individus dans l'exercice de leurs droits, mais non à s'emparer de l'exercice même des droits, sous le prétexte que la protection sera plus efficace. Qu'un individu administre sa personne et ses biens, sous la protection des lois et des magistrats, c'est très-bien ; mais que, pour mieux protéger, la société entière s'empare de l'administration des personnes et des biens des individus, c'est pousser la protection au-delà des bornes, c'est usurpation, c'est tyrannie. Voilà pourtant ce qui est arrivé dans d'autres temps. La nation s'est emparée de l'administration des biens des communes, des hospices, au lieu de se borner à en protéger l'administration par ceux qui y avaient intérêt, et à qui ces biens appartiennent. Le motif d'une telle usurpation n'a certainement pas été un zèle ardent pour le bien de la protection due, mais le besoin d'argent. Cependant de très-grands abus existent encore, et il serait bien de les faire cesser. Que la nation s'occupe de tous les intérêts communs à tous les membres de la nation, c'est là une chose fort naturelle;

mais qu'elle s'entremette dans les affaires privées, ou, ce qui est la même chose, qui ne concernent pas la nation entière, c'est méconnaître l'esprit du contrat social, qui n'est pas de mettre toutes les fortunes en commun, tous les intérêts en commun, mais, de la part des individus ou des sociétés partielles d'individus, de conserver, moyennant la mise en commun d'une portion de leurs biens et de leurs facultés, le pouvoir de disposer du surplus à leur gré. La concentration est donc une chose abusive, et c'est avec raison que, quoique par des motifs différens, tous les partis sont d'accord pour s'en plaindre et en demander la cessation. Quant à nous, nous nous en plaignons dans l'intérêt de la justice et de l'ordre.

Quoi qu'il en soit de cette protection, il est évident que pour l'exercer, et pour tous les autres devoirs et droits de la nation, le Prince, ainsi que nous l'avons déjà dit, a, par cela seul que tous ces droits et ces devoirs sont déposés entre ses mains pour les faire valoir ou les accomplir, le pouvoir de choisir des ministres et des conseillers; de telle sorte que ces ministres et ces conseillers agissent et conseillent au nom et dans l'intérêt du Prince, et le véritable, le seul intérêt du Prince, c'est toujours l'intérêt de la masse, le bien-être de la France.

Il y a donc, comme nous l'avons dit, et nous le répétons, deux classes de magistrats et conseillers, les uns représentent les masses et les individus vis-à-vis du pouvoir, les autres représentent le pouvoir vis-à-vis des masses et des individus.

Les préfets, les sous-préfets, dans l'ordre administratif; les cours et autres tribunaux dans l'ordre judiciaire; les maréchaux, généraux et jusqu'aux simples soldats dans l'ordre militaire; tous sont les représentans du Roi, agissent au nom du Roi parce qu'ils tiennent tous leurs pouvoirs de lui et concourent tous ensemble au mouvement général que lui seul est chargé de diriger : *protection et justice aux individus et aux sociétés partielles reconnues, dans leurs personnes et dans leurs biens; punition des crimes et délits dans l'intérêt de la société entière; recrutement de la force publique, perception des tributs nécessaires pour les dépenses de l'État.* Tout cela est du ressort de l'administration générale et ne concerne pas les individus; c'est au contraire la nation qui exerce ses droits sur les individus.

Les hommes du Prince sont responsables de

ce qu'ils font de leur chef et autorité privée, et hors des lois; la responsabilité, en ce cas, leur est personnelle. Quand ils agissent en-dehors des lois par ordre supérieur, la responsabilité pèse sur celui qui a donné cet ordre, non sur celui qui l'a exécuté. Il est cependant des cas où la désobéissance devrait être un devoir lorsque les ordres donnés sont trop évidemment contraires aux lois, aux volontés royales, à l'humanité. Il serait donc à désirer qu'une loi spéciale déterminât ces cas de telle sorte qne sans nuire à l'obéissance, elle ne dût cependant pas être absolument aveugle et passive dans les cas graves que cette loi aurait déterminés.

Les ministres ont des conseillers et se réunissent eux-mêmes en conseil; les préfets ont des conseillers connus sous le nom de conseillers de préfecture, les sous-préfets n'en ont point, car les conseils d'arrondissement ne sont pas leurs conseillers, ils ont une mission temporaire et spéciale, *le vote de l'impôt;* il n'y a point d'administrateurs publics dans les cantons, ni dans les communes, parce que les sous-préfets suffisent par l'étroite circonscription de leurs arrondissemens, pour exercer rapidement et journellement l'action du gouvernement sur tous les points, d'autant plus que les préfets, les sous-préfets exercent plutôt un pouvoir dirigeant qu'un pouvoir actif, et que la plupart de leurs actes consistent dans des ordres et des instructions donnés ; lesquels passent de main en main jusqu'à ce qu'ils arrivent à celui qui doit leur donner une exécution réelle et effective.

Mais la responsabilité pesant toujours sur celui qui agit de son chef, ou sur celui qui ordonne, elle ne peut pas porter, en même-temps, sur celui qui conseille, parce que celui qui agit ou ordonne n'est pas tenu de se conformer aux avis des conseillers qu'il se donne lui-même, que la nation ne lui impose pas. Il n'y a d'exception à cette règle qu'à l'égard du Roi parce qu'en effet le roi, ayant été déclaré incapable de mal faire et irresponsable, est censé n'ordonner que par conseil, et les ministres, qui contresignent ses ordres, sont réputés les lui avoir conseillés, en avoir accepté la responsabilité.

Quelle est donc l'autorité du Conseil-d'État, du conseil de préfecture? C'est ce que nous expliquerons dans le chapitre suivant.

CHAPITRE IV.

DU CONSEIL-D'ÉTAT ET DU CONSEIL DE PRÉFECTURE.

Nous ne pouvons et ne devons pas séparer ces deux conseils l'un de l'autre, parce qu'ils ont des rapports obligés et essentiels par la nature de leurs fonctions et par la hiérarchie.

Nous commencerons par dire que le Conseil-d'État est le conseil adjoint au Roi et aux ministres, en ce qui concerne les affaires de l'État, et que le conseil de préfecture est le conseil adjoint au préfet, en ce qui concerne les affaires du département. Ce sont des conseillers fonctionnaires qui n'ont point d'autorité. La nation ne les impose pas aux administrateurs, et ne pourrait les leur imposer sans les décharger de la responsabilité; or, c'est l'absence de cette responsabilité, même de la part des conseillers d'État et de préfecture, qui démontre que ces conseillers ne sont pas des hommes de la nation ni des hommes imposés par la nation : car, nous le répétons et nous le répéterons souvent, parce que cette vérité est fort importante à faire remarquer et à ne pas perdre de vue, c'est la responsabilité d'un fonctionnaire envers la nation qui constitue la reconnaissance de ce fonctionnaire de la part de la nation.

Cependant, quoique l'État ne regarde pas les auxiliaires des responsables, comme responsables envers lui (nous parlons de ces auxiliaires qui conseillent et non de ceux qui agissent), il ne les méconnaît pas non plus en ce sens que l'administrateur, autrement celui qui agit, ne pouvant pas tout faire par lui-même, a besoin de collaborateurs, et, par suite, est obligé de les payer de leur travail, selon le degré de science et de capacité, et conséquemment de mérite, qu'exige le travail. Aussi, pensons-nous, que les conseillers d'État, et les conseillers de préfecture, étant des hommes utiles et même nécessaires aux ministres et aux préfets, et que nul ne pouvant remplir seul de telles fonctions administratives sans de tels auxiliaires, les ministres et les préfets ont droit de porter dans leurs budjets les traitemens des conseillers d'État, et que la nation ne peut en refuser l'allocation, parce que qui veut la fin, veut les moyens. Il ne faudrait pas trop multiplier le nombre des auxiliaires, mais ils sont indispensables dans la forme de notre gouvernement, surtout pendant tout le temps que les rouages resteront aussi multipliés qu'ils le sont dans l'état actuel des choses.

Sous ce rapport, le Conseil-d'État et le conseil de préfecture n'existent donc pas inconstitutionnellement, puisque la constitution ne les repousse pas, et que la nation ne peut méconnaître leur utilité, nous dirons même leur nécessité comme conseillers et collaborateurs, comme auxiliaires des agens supérieurs responsables.

Voyons en quoi consistent les fonctions du Conseil-d'État, et comment il est organisé; c'est-à-dire voyons ce qu'a à faire un ministre, un préfet, en toute circonstance, où leur intervention est demandée, soit que l'État demande aux individus ou à des corps de communautés de personnes, soit que les individus et communautés d'individus demandent à l'État.

Il faut que le fonctionnaire, chargé de demander ou à qui on demande, voie le remède que réclame le besoin; pour déterminer d'abord ce remède, il faut bien connaître la position des choses, la nature du besoin; car c'est cette position des choses, c'est la nature du besoin qui font connaître quelle est la nature du remède à employer, à administrer. Mais ce n'est pas tout que de reconnaître quel remède serait nécessaire, il faut encore examiner si ce remède est conforme d'abord à la Charte, ensuite aux autres lois basées sur la Charte, et il faut composer ce remède selon la nature du besoin, et selon les lois, enfin il faut l'administrer sous la forme d'ordonnance, d'arrêté, et conséquemment dresser ces ordonnances, ces arrêtés.

On conçoit qu'un tel travail préparatoire, qui doit nécessairement précéder l'action, autrement le fait de demander, d'accorder ou de refuser, exige, non-seulement une haute capacité, de grandes lumières, mais aussi beaucoup de temps et de méditation, et si les ministres ont la capacité et les lumières, ils n'ont pas le temps de les employer convenablement à toutes choses. La multiplicité des actes qu'ils ont à faire, absorbe tout leur temps, et ne leur laisse pas celui de la méditation; c'est donc ce travail prépatoire, cet examen préalable, qui est confié à un conseil, et concernant les hautes affaires, celles qui sont dans les attributions des ministres, au conseil appelé Conseil-d'État.

Ce conseil se composant d'hommes auxiliaires du Roi et de ses ministres, il leur appartient naturellement de l'organiser, de le modifier à leur gré, comme ils auraient le droit de s'en passer si la nécessité ne s'y opposait pas; il leur appartient, conséquemment, aussi de prendre part aux délibérations et d'y présider, puisque ces délibérations n'ont lieu que dans l'intérêt de leur administration et de leur responsabilité.

On n'oubliera pas que, jusqu'ici, nous ne considérons pas le Conseil-d'Etat ni le conseil de préfecture comme *tribunaux*.

Ce n'est donc pas inconstitutionnellement que l'organisation du Conseil-d'Etat, toujours considéré comme auxiliaire de l'administration, a été faite par des ordonnances, ces ordonnances n'ont rien d'inconstitutionnel, si elles n'attribuent pas aux deux conseils dont nous nous occupons, des fonctions qui emporteraient autorité à l'égard des administrés, autorité qui ne pourrait émaner que de la Charte ou d'une loi postérieure.

Aussi voyons-nous que par ordonnance du 23 août 1815, le Conseil-d'Etat est déclaré se composer : 1° du Roi ; 2° des ministres secrétaires d'Etat ; 3° des conseillers d'Etat ; 4° des maîtres des requêtes.

Cette même ordonnance divise le Conseil-d'Etat en comités : comité de *législation*, comité du *contentieux*, comité des *finances*, comité de *l'intérieur* et du *commerce*, comité de la *marine* et des *colonies*. L'ordonnance du 29 avril 1817, y ajoute un comité de la guerre.

L'art. 52 de la constitution de l'an 8, porte : « Les attributions du Conseil-d'Etat sont de » rédiger les projets de loi et les réglemens d'ad- » ministration publique et de *résoudre les dif-* » *ficultés* qui s'élèvent *en matière administra-* » *tive*. »

L'ordonnance royale du 29 juin 1814, porte : « Il examinera les projets de lois et réglemens » qui auront été préparés dans les divers co- » mités ; chacun des ministres y rapportera ou » y fera rapporter par un conseiller d'État ou » maître des requêtes, les projets de réglemens

» et de *jugemens* qui auront été convenus au » comité *contentieux* et aux autres comités, » pour y être définitivement arrêtés. Il véri- » fiera les bulles et actes du Saint-Siége, ainsi » que les actes des autres communions et cultes; » il connaîtra des *appels comme d'abus*. »

Préparer des projets de lois, des projets de réglemens d'administration publique, ce n'est pas décider des différends, ce n'est que faire ce que l'administration elle-même est chargée de faire. On pourrait même en dire autant à l'occasion de ces mots *résoudre les difficultés* qui s'élèvent en matière administrative, car les administrateurs peuvent être parfois embarrassés, ne savoir quelle détermination prendre à cause de certaines difficultés qui s'élèvent, et *résoudre ces difficultés* ne signifie pas nécessairement décider des différends, mais décider quel parti prendra l'administrateur à l'occasion de ces différends, et en cela ce n'est encore qu'aider l'administrateur dans son administration, dans ses résolutions, mais ce n'est pas nécessairement le droit de prononcer sur les droits et intérêts des tiers, et si on le désire, pour mieux nous faire comprendre, nous allons donner un exemple.

Un particulier possède un terrain, le Gouvernement, croyant que ce terrain est national, veut en prendre possession. Le particulier oppose des titres. Voilà donc une difficulté qui s'élève en matière administrative, car, c'est en voulant faire un acte d'administration, au sujet d'un bien que l'administrateur croit avoir dans son administration, qu'il s'élève contre cet acte une difficulté qui l'empêche. L'administrateur aura donc à examiner si cette difficulté est fondée, s'il doit ou non persister dans son acte d'administration; il doit en un mot résoudre, à part lui, la difficulté, et on peut dire que c'est précisément pour le remplacer, dans cette résolution, que le Conseil-d'Etat en a été chargé, de même qu'il a été chargé de rédiger et préparer les projets de lois; mais quelle que soit l'opinion que le conseil se forme à cet égard, ce n'est que pour la conduite particulière de l'administrateur. elle ne peut pas raisonnablement porter atteinte au droit du tiers; la nation prend la place d'un simple particulier toutes les fois qu'il s'agit de différends et d'intérêts contraires; elle ne peut pas être juge dans sa propre cause, et lorsqu'une difficulté s'élève entre deux individus, chacun d'eux est naturellement appelé, par son intérêt, à *résoudre la difficulté*, à part, pour que cette solution lui serve de règle sur sa conduite ultérieure, et qu'il sache s'il persistera ou non dans sa prétention ; car, après cette résolution que chaque partie donne à la difficulté, dans son intérêt privé et selon ses lumières, s'il y a persistance de part et d'autre par suite de leurs résolutions respectives, il restera non plus une difficulté à résoudre, mais un différend à juger, à décider, c'est-à-dire à trancher.

Encore un exemple : l'administration a décidé de créer une route. Elle doit passer sur des terrains privés, sans doute les particuliers sont tenus d'abandonner leurs propriétés pour cause d'utilité publique, mais moyennant une juste et préalable indemnité. L'administration fait confectionner la route sans que l'indemnité ait été réglée ni payée. Opposition de la part des particuliers. Voilà encore une difficulté qui s'élève en matière administrative. Que l'administrateur ou le Conseil-d'Etat résolvent cette difficulté comme ils le voudront, si l'administrateur passe outre, il est évident que la résolution ne sera pas un jugement, et que le différend restera entier et à *décider*.

Disons donc, que *résoudre les difficultés, en matière administrative*, ne signifie pas, nécessairement, trancher les différends, mais seulement et raisonnablement, *délibérer* sur le parti à prendre à l'occasion de ces difficultés, de ces obstacles.

Et, en ce sens, il était tout naturel que le Conseil-d'Etat en fût chargé et qu'il y eût un comité *du contentieux*.

Jusques là, en effet, le Conseil-d'Etat ne serait pas un tribunal, et on ne pourrait lui adresser le reproche d'inconstitutionnalité. Il en est de même à l'égard du conseil de préfecture.

Il y a plus, on peut dire justement que le Conseil-d'Etat, sous la constitution de l'an VIII, était une institution nationale, dont les décisions venaient à la décharge de la responsabilité ministérielle; et que, par exemple, quand le comité du contentieux avait décidé qu'un procès serait soutenu ou abandonné, l'administrateur qui soutenait ou abandonnait ce procès n'encourait, pour ce fait, aucune responsabilité, parce que c'était suivant l'avis d'un conseil à lui imposé par la nation, et il nous semble qu'il devrait en être de même aujourd'hui, parce qu'il importe à la nation, tout comme à un particulier, de ne pas plaider mal à propos.

Jusqu'à présent nous avons considéré les conseils administratifs comme les auxiliaires des administrateurs dans leurs actes d'administration, et il est constant, d'après tout ce que nous avons rapporté, que c'est en cela que consiste leur destination première et principale; mais il est de fait, qu'ils exercent aussi des fonctions judiciaires, qu'ils en exerçaient avant la Charte, et qu'ils en exercent encore aujourd'hui.

Nous avons donc à présent, à considérer le Conseil-d'Etat, et celui de préfecture comme corps judiciaires, sous deux régimes différens, c'est-à-dire avant et après la Charte.

DES CONSEILS-D'ÉTAT ET DE PRÉFECTURE CONSIDÉRÉS COMME TRIBUNAUX AVANT LA CHARTE.

Sous l'ancienne monarchie, le Conseil-d'Etat était, comme aujourd'hui, un corps ayant des attributions mixtes. Sa principale fonction était de diriger le Gouvernement dans ses résolutions; sa fonction secondaire était d'éclairer le Prince dans ses jugemens, car le Prince, ayant le pouvoir absolu, avait incontestablement celui de juger en personne ou de déléguer le pouvoir de juger.

En effet, l'administration de la justice est un des premiers devoirs des princes. L'histoire nous apprend que les petits princes remplissaient, eux-mêmes, les fonctions de juges, assistés de conseillers; ceux, dont les états étaient grands, ne pouvant eux-mêmes rendre la justice à tous et partout, déléguaient ce pouvoir à des juges ou corps de juges qu'ils instituaient sous différens noms, selon la matière et l'étendue de leur compétence. On a même vu Clotaire II, roi de la première race, se faire accompagner dans ses tournées d'une espèce de parlement ambulant, et personne n'ignore que Saint-Louis se plaisait à rendre lui-même la justice, en plein air, sous le fameux chêne de Vincennes.

Mais alors même que les princes déléguaient à d'autres le pouvoir de juger, ils se sont toujours réservé la connaissance de certains différends d'une nature grave, et même d'évoquer à eux la connaissance de différends portés devant des délégués compétens, lorsqu'il leur semblait utile d'en connaître eux-mêmes; ils se réservaient *notamment la révision, dans tous les cas, des jugemens en dernier ressort au milieu de leur Conseil-d'État*, c'est-à-dire environnés de leurs conseillers dont ils recueillaient les avis.

Il est inutile pour le but que nous nous proposons, dans cet écrit, de rapporter ce qui se pratiquait avant la révolution relativement au contentieux administratif. Comme nous voulons examiner si avant la Charte, le Conseil-d'Etat était un tribunal constitutionnel, nous partirons de l'époque où l'ancien régime a cessé, où la main de l'Assemblée constituante a apporté la réforme dans toutes les parties de l'organisation sociale, et a substitué un régime constitutionnel, *écrit*, à un régime imparfaitement constitutionnel, et qui n'avait d'autre base que l'*usage*; car de même qu'autrefois, notre droit privé n'avait d'autre base que la coutume, dans la plupart des parties du territoire de la monarchie; que dans les derniers temps on a voulu donner à ces coutumes une existence certaine, en les écrivant, et qu'en dernier lieu on les a toutes réformées, par un Code renfermant une législation uniforme et écrite pour toutes les parties de la France; ainsi, notre droit public n'avait, autrefois, pas d'autre base que l'usage, c'est l'usage qui l'avait constitué peu à peu en se réformant, développant ou modifiant lui-même, et comme dans son dernier état il était tellement vicieux, qu'il engendrait d'intolérables abus, on a senti la nécessité, non-seulement de le réformer, mais aussi de lui donner une existence fixe et certaine, en le constatant par écrit. C'est, donc, seulement, à cette époque de la régénération de notre droit public, que nous devons remonter, et non plus haut.

Une loi donc, du 24 août 1790, dispose ainsi :

« Les fonctions judiciaires sont distinctes,
» et demeureront toujours *séparées des fonc-*
» *tions administratives. Les juges ne pourront,*
» *à peine de forfaiture, troubler, de quelque*
» *manière que ce soit, les opérations des corps*
» *administratifs, ni citer devant eux les ad-*
» *ministrateurs pour raison de leurs fonc-*
» *tions.* »

Au premier aperçu de ce texte, on entend qu'un juge ne peut pas être en même temps, administrateur, ni conséquemment un administrateur être en même temps juge, parce que la séparation exclut toute idée d'union; que les administrateurs ne devaient pas plus se permettre de juger de quelque différend, appartenant à l'ordre administratif, que les juges se permettre d'administrer.

De plus, comme la loi qualifie les actes de l'administration des *opérations*, et cela avec raison, parce qu'une administration ne se compose que de faits, que d'opérations, on est naturellement porté à entendre que cette loi a voulu poser pour limite distinctive, entre les fonctions administratives et les fonctions judiciaires, la *différence* qui existe aux yeux des moins clair-voyans, entre *juger* et *opérer*, pour que cette ligne ne fût pas dépassée de part ni d'autre.

Par suite de cette première impression, de ce premier sentiment, on interprète la défense faite aux tribunaux de troubler les corps administratifs dans leurs opérations, ni de citer devant eux les administrateurs pour raison de leurs fonctions, en ce sens que les tribunaux n'avaient pas, de leur chef et à titre de hiérarchie, une autorité de surveillance, un droit de censure spontanée, le droit de s'immiscer de *proprio motu* dans les opérations de l'administration; mais que, lorsque l'administration ferait, à l'égard des particuliers, corps ou communautés, des actes engendrant des différends entre ceux-ci et l'État, les tribunaux, saisis de ces différends, par les voies ordinaires, et selon le droit commun, ne seraient pas empêchés de prononcer sur ces différends.

Mais quand on considère que l'effet naturel, de jugemens rendus contre l'Etat par les tribunaux, serait nécessairement d'empêcher les administrateurs de la chose publique de continuer les opérations commencées, de les troubler dans ces opérations, et que la loi dit de *quelque manière que ce soit*, alors le doute se présente, car la conséquence est que les tribunaux ne peuvent pas rendre de jugemens qui *troublent* l'administration dans ses opérations. Ce doute se fortifie quand on remarque que la loi affecte de prononcer contre les tribunaux une défense, et ne prononce pas contre l'administration la défense de juger, chose qui aurait dû être, si le législateur eût entendu établir la réciprocité.

Enfin, quand on fait attention à la distribution des mots dont se compose la règle, les fonctions judiciaires sont distinctes et demeureront toujours séparées des fonctions administratives, on soupçonne que la disposition n'est pas réciproque ; qu'elle est tout entière contre les tribunaux, que les tribunaux sont l'objet principal de cette disposition ; qu'elle a eu essentiellement pour objet de poser les limites du pouvoir des juges ordinaires du côté de l'administration, et que, conséquemment, tout différend, né d'un acte de l'administration, était hors de la compétence des juges ordinaires.

C'est en effet, en ce dernier sens, que l'administration elle-même l'a entendu. On doit donc penser que ces mots *fonctions judiciaires*, s'entendent des fonctions judiciaires *ordinaires*, de celles des tribunaux *ordinaires*, et que, par exception, l'administration était seule appelée à connaître de ses propres actes; le doute se change même en un véritable sentiment, contraire au sentiment premier né, si on considère que la disposition dont il s'agit, n'est pas insérée dans une loi commune aux corps administratifs et aux corps judiciaires; mais dans une loi toute particulière aux tribunaux; et qu'il ne s'agit que des tribunaux ordinaires. On y voit même que les corps *municipaux*, qui sont des corps essentiellement administratifs, sont chargés du contentieux en fait de police. En effet, cette loi (ou ce décret) porte au titre XI, article Ier :

« Les corps municipaux veilleront et tien» dront la main, dans l'étendue de chaque » municipalité, à l'exécution des lois et des ré» glemens de police..... »

Voilà ce qui est administration évidemment.

Puis il est dit : « Et *connaîtront* du conten» tieux auquel cette exécution pourra donner » lieu. » Voilà qui est évidemment fonction judiciaire. Il est donc manifeste que l'administration n'était pas, par cette loi, dépouillée de tout pouvoir judiciaire ; que la séparation dont il est parlé plus haut, ne s'appliquait pas à elle, mais exclusivement aux tribunaux ordinaires.

S'il restait encore quelque doute à cet égard, il s'évanouirait tout-à-fait à la vue d'un autre décret de cette même assemblée constituante, du 7 octobre 1790; il dispose :

« *Les réclamations d'incompétence, à l'égard » des corps administratifs, ne sont, en aucun » cas, du ressort des tribunaux; elles seront » portées au Roi, chef de l'administration gé- » nérale; et dans le cas où l'on prétendrait » que les ministres de Sa Majesté auraient » fait rendre une décision contraire aux lois, » les plaintes seront adressées au corps légis- » latif.* »

Que résulte-t-il, en effet, de cette disposition? Il en résulte la pleine confirmation de notre dernière interprétation, savoir : d'une part, qu'il pouvait y avoir conflit entre les corps administratifs et les tribunaux ordinaires, et conséquemment prétentions contraires sur des attributions judiciaires, sur la compétence judiciaire, ce qui confirme d'abord que les corps administratifs avaient des attributions, une compétence judiciaire; d'une autre part, que les tribunaux ordinaires ne devaient pas être juges de ces conflits; que le jugement ou la décision à cet égard, appartenait au Roi, comme chef de l'administration générale, qui prononçait d'après l'inspiration de ses ministres, en premier ressort; et que si on avait à se plaindre de la décision du Roi, ou si l'on veut, des ministres, il y avait lieu à recours au corps législatif; ce qui prouve clairement la seconde partie de notre interprétation, que l'on a voulu exclure les tribunaux de toute connaissance du contentieux administratif, et que ç'a été pour les empêcher de s'y immiscer par une voie indirecte, qu'on ne leur a pas attribué le jugement sur le conflit : car ils auraient été juges dans leur propre cause, mais qu'on a attribué ce jugement à l'administration supérieure elle-même.

Cependant l'on doit remarquer, ici, que l'administration n'avait le jugement des conflits qu'en premier ressort, et qu'il était permis d'en appeler au corps législatif, tandis qu'aujourd'hui, l'administration semble prononcer irrévocablement, chose contraire à l'esprit de la loi d'octobre 1790; car il offrait une garantie contre l'arbitraire de l'administration[1].

Quoi qu'il en soit sur ce dernier point, il n'en est pas moins constant que les corps administratifs avaient des attributions judiciaires constitutionnelles.

Nous pourrions nous arrêter là, car il nous semble que dès à présent la démonstration est complète; cependant, pour mieux lier le passé au présent, nous rapporterons encore des lois postérieures à celles-là, qui les ont de plus en plus confirmées.

La loi du 16 fructidor, an 3, portait : *itératives défenses aux tribunaux de connaître des actes d'administration de quelque espèce qu'ils soient.*

21 *fructidor an* 3. « En cas de conflit d'attribution entre les autorités judiciaires et administratives, il sera sursis jusqu'à décision du ministre, confirmée par le directoire exécutif, qui en référera, s'il est besoin, au corps législatif. »

Constitution du 22 *frimaire an* 8. « Les at-» tributions du Conseil-d'Etat sont de rédiger » les projets de lois et les réglemens d'admi-

[1] Déjà par une sage ordonnance le gouvernement vient d'obvier à une grande partie de ces abus.

» nistration publique et de *résoudre les diffi-* » *cultés qui s'élèvent en matière administra-* » *tive.* »

Nous ferons observer sur cette dernière disposition qui, interprétée isolément, comme nous l'avons déjà fait précédemment remarquer, n'emporterait pas nécessairement attribution, au Conseil-d'Etat, de fonctions judiciaires, mais que liée aux précédens et pour être conséquens, on ne peut pas l'entendre autrement, sinon que le pouvoir judiciaire qui appartenait jadis au Roi, sans l'inspiration des ministres, et qui ensuite avait passé au pouvoir exécutif établi sous une autre forme, était maintenu à ce pouvoir et aux conseillers que la constitution lui adjoignait.

Réglement du 5 *nivose an* 8. Le Conseil-d'Etat développe le sens des lois, sur le renvoi qui lui est fait par les consuls, des questions qui leur ont été présentées, il prononce d'après un semblable renvoi : 1° sur les conflits qui peuvent s'élever entre l'administration et les tribunaux; 2° sur les affaires *contentieuses* dont la décision était précédemment remises aux ministres.

Loi du 28 *pluviose an* 8. Elle a créé les conseils de préfecture et leur donne des pouvoirs judiciaires sur plusieurs sortes de différends administratifs.

On voit que cette loi, postérieure de deux mois seulement, à la constitution d'alors, et émanée de la même législature, confère des pouvoirs judiciaires à un corps essentiellement administratif, et sanctionne par là, les pouvoirs du Conseil-d'Etat comme corps judiciaire; il lui subordonne un autre tribunal administratif. La constitution de l'an 8 n'a donc aucunement dérogé au régime précédent sous ce rapport, puisqu'au contraire elle lui donne plus de développement, plus d'extension, qu'elle lui donne une sorte d'organisation plus complète.

Arrêté des consuls du 5 fructidor an 9. « Les » questions qui frappent essentiellement sur la » substance des actes faits par l'autorité admi- » nistrative ne peuvent être résolues que par » cette autorité. »

Ceci n'est qu'une interprétation, non une loi, elle n'a pas pour objet de décider si l'administration a non le droit de juger, ce point ne pouvait plus être une question d'après les lois antécédentes, mais de faire connaître *quelles questions* lui étaient exclusivement dévolues par les lois.

Autre arrêté des consuls du 6 *fructidor an* 9.

Décide encore par interprétation que quand même les parties intéressées auraient volontairement saisi un tribunal ordinaire d'un différend de la compétence de l'administration, et qu'il serait déjà intervenu des jugemens, il y a toujours lieu au conflit.

Autre arrêté des consuls du 13 brumaire an 10. Quand un tribunal ordinaire est saisi d'un différend administratif, c'est au ministère public à en requérir le renvoi, et si le tribunal s'y refuse, le préfet, sur l'avis qui lui en est donné par le ministère public, élève le conflit, évoque le différend par un arrêté qu'il fait signifier au tribunal, lequel dès-lors doit suspendre jusqu'à ce que le Conseil-d'Etat ait statué sur le conflit. Le préfet peut et doit élever le conflit, de *son office*, de quelque manière qu'il ait connaissance de l'existence du différend.

Les préfets ont si largement fait usage de ce pouvoir d'élever des conflits, surtout dans ces derniers temps et à l'occasion de *questions* d'état politique des personnes qui ne regardent aucunement l'administration, qu'il en est né une sorte de lutte affligeante, entre les tribunaux jaloux de conserver leurs droits et l'administration empressée d'étendre les siens.

On a même vu des conflits élevés après que tout était irrévocablement jugé en dernier ressort, l'administration cherchant à punir ainsi les parties intéressées de son propre manque de vigilance et à imposer, pour ainsi dire, son autorité devant les tribunaux et les cours en mettant le ciseau dans leurs jugemens et arrêts définitifs. Cependant il est certain que les conflits ne sont plus possibles, alors décret du 6 janvier 1814; mais n'anticipons pas sur les temps.

Enfin la loi organique du concordat du 18 germinal an 10, ouvre *recours* au Conseil-d'Etat, pour les cas d'*abus*, et on appelle ainsi les prévarications des ecclésiastiques, soit supérieurs, soit subalternes, dans l'exercice de leurs fonctions.

Après le gouvernement consulaire, est venu le gouvernement monarchique impérial, en l'an 12 ou 1804; voyons si l'ordre des choses a été changé quant aux pouvoirs judiciaires de l'administration, car ne perdons pas de vue que le Conseil-d'Etat et les conseils de préfecture ne font qu'un avec l'administration.

Non, il n'y a rien de changé, tout prend au contraire de plus en plus de la consistance et de la régularité; l'acte qui déférait la puissance souveraine constitutionnelle héréditaire à celui qui, précédemment, n'était qu'un gouvernement à vie, maintient les bases posées par celui-ci, durant son administration consulaire. Nous allons retracer rapidement les divers actes, les diverses lois qui ont, sous ce nouveau gouvernement, confirmé les précédens relativement aux attributions judiciaires de l'administration.

Décret du 11 *juin* 1806, qui ajoute diverses attributions au Conseil-d'Etat, à celles posées par le réglement du 5 nivose an 8, de plus il pose des bases de procédure.

Autre décret du 22 *juillet* 1806, qui perfectionne les formes de procéder devant le Conseil-d'Etat.

Autre des 24 *janvier et* 10 *mars* 1807, qui attribue au Conseil-d'Etat, le recours contre les décisions des évêques, concernant les établissemens religieux conservés ou rétablis dans leurs diocèses.

Loi du 16 *septembre* 1807, qui lui attribue la connaissance des réclamations contre les arrêtés ou décisions des préfets et ministres, en matière d'indemnités dues à des particuliers, pour entreprises et travaux d'utilité publique et contre les arrêts de la cour des comptes.

Décret du 1er *mars* 1808, qui lui attribue le recours contre tous jugemens des tribunaux ordinaires qui valideraient des actes d'aliénation, d'engagement ou de saisie de biens constitués en majorat, et contre ces mêmes aliénations directement. Conséquence de la destination de ces biens qui leur est donnée par le sénatus-consulte du 16 août 1806, dans des vues d'intérêt public.

Décret du 17 *mars* 1808, qui lui attibue le recours contre les décisions du conseil de l'Université.

Décret du 17 *mai* 1809, qui lui attribue le recours contre les décisions des préfets et conseils de préfecture en matière d'octrois.

Code pénal, art. 128, *décrété le* 15 *février* 1810. « Les juges qui, sur la révendication formellement faite par l'autorité administrative, d'une affaire portée devant eux, auront néanmoins procédé au jugement avant la décision de l'autorité supérieure, seront punis chacun d'une amende de 16 fr. au moins, et de 150 au plus.

» Les officiers du ministère public qui auraient fait des réquisitions, ou donné des conclusions pour ledit jugement, seront punis de la même peine. »

Enfin, *loi du* 20 *mars* 1813 qui lui attribue le recours contre les décisions des conseils de préfecture et des préfets sur la vente des biens communaux.

Nous nous arrêterons à ces citations (nous aurions pu y en ajouter une foule d'autres), elles suffiront amplement pour convaincre que sous le gouvernement impérial, le Conseil-d'État n'avait pas seulement une existence de fait, mais bien une existence constitutionnelle.

DU CONSEIL-D'ÉTAT ET DU CONSEIL DE PRÉFECTURE APRÈS LA CHARTE.

A présent commence un régime nouveau; une nouvelle base de gouvernement est posée; on prétend que, selon cette nouvelle base, le Conseil-d'Etat ne peut avoir, comme tribunal, ni même comme corps auxiliaire de l'administration, une existence constitutionnelle. Tel est le procès à l'occasion duquel nous osons hasarder nos réflexions. Nous commencerons par reconnaître les faits, *c'est-à-dire si le Conseil-d'État juge, comment il juge, et, le fait une fois reconnu*, nous examinerons la question de droit.

Or, le fait n'est pas seulement connu de tout

le monde, il n'est pas seulement constaté par d'innombrables décisions émanées du Conseil-d'Etat, il est encore établi par plusieurs réglemens ou ordonnances royales sur les attributions, l'organisation et le mode d'opérer du Conseil-d'Etat.

En premier ordre, nous trouvons *l'ordonnance royale du 29 juin 1814*, qui dispose (art. 8): « Que le Conseil-d'Etat examinera les projets de lois et réglemens qui auront été préparés dans les divers comités. Chacun des ministres y rapportera ou fera rapporter par un conseiller-d'Etat, ou maître des requêtes, les projets de réglemens et de *jugemens* qui auront été convenus, au comité du *contentieux* et autres comités, pour y être définitivement arrêtés. Il vérifiera les bulles et actes du Saint-Siége, ainsi que les actes des autres communions et cultes, il connaîtra des appels comme d'abus. »

Art. 9. « Le comité du contentieux connaîtra de tout le contentieux de l'administration de tous les départemens, des mises en jugement des administrateurs et préposés, des conflits. »

Une autre ordonnance du 15 juillet 1814, convertit en commission du sceau, le conseil du sceau des titres institué par le décret du 1er mars 1808, et en fait une branche du Conseil-d'Etat.

Le Conseil-d'État se compose du Roi, des ministres secrétaires-d'État, de conseillers d'Etat et de maîtres des requêtes.

Ensuite vient l'ordonnance du 23 *août* 1815 qui dispose, art. 13 : « Le comité du contentieux connaîtra de tout le contentieux de l'administration des divers départemens ministériels, d'après les attributions assignées à la commission du contentieux, par les décrets du 11 juin et du 22 juillet 1806; le comité du contentieux exercera, en outre, les attributions précédemment assignées au conseil des prises. Les rapports sont faits au comité du contentieux par le maître des requêtes commis à cet effet par le ministre, et l'avis de ce comité arrêté à la pluralité des suffrages (comme par le décret du 11 juin 1806). Un second rapport est ensuite fait à l'assemblée du Conseil-d'État, soit par un maître des requêtes, soit par un conseiller d'État, au choix du ministre garde-des-sceaux.

» Sur ce nouveau rapport, l'avis du comité du contentieux est ou adopté, ou annulé, ou modifié par le Conseil-d'État.

» La décision du Conseil-d'État, rédigée en forme d'ordonnance royale, est présentée à la signature de Sa Majesté, par le ministre garde-des-sceaux.

» A cet effet, les divers comités sont réunis en Conseil-d'État, deux fois par mois et plus souvent si le besoin des affaires l'exige.[1] »

Enfin vient l'*ordonnance* du 29 avril 1817, qui ajoute aux divers comités déjà existans, un comité de la guerre.

Nous ajouterons à cela que sans reconnaître expressément la constitutionnalité du Conseil-d'État, diverses lois, rendues depuis le régime de la Charte, n'ont pas toutefois repoussé ses attributions; il se divise en plusieurs comités qui sont : le comité de législation, celui du contentieux, celui des finances, celui de l'intérieur et du commerce, celui de la marine et des colonies.

Voilà donc les faits, et quant à la question de savoir si effectivement le Conseil-d'Etat se borne à des actes de pure administration, ou s'il rend aussi des jugemens, cette question, qui est encore de *fait*, est toute résolue par

[1] Ces dispositions sont extraites par analyse de divers articles de ladite ordonnance.

l'ordonnance du 29 juin 1814, ci-dessus rapportée, laquelle dit en termes exprès : « Les » projets de *jugemens* qui auront été convenus » au comité du contentieux pour y être dé- » finitivement *arrêtés*. »

C'est donc dans cet état que se présente la question à examiner. Elle est complexe et a besoin d'être divisée.

Nous proposerons en conséquence les questions suivantes : 1° Est-il incompatible, avec le Gouvernement constitutionnel en général, que l'administration rende des jugemens en matière administrative ?

2° Cela est-il incompatible avec notre constitution actuelle et propre ?

3° Les lois qui ont, depuis la Charte, mentionné dans leurs dispositions le Conseil-d'Etat et qui y ont renvoyé, ont-elles donné à ce corps l'existence constitutionnelle qu'il n'aurait pas eue selon la Charte ?

4° Si le Conseil-d'Etat n'est pas incompétent pour juger, est-il organisé inconstitutionnellement, juge-t-il d'après des formes inconstitutionnelles ?

5° En ce dernier cas, quelle organisation devrait-il avoir et quelles formes faudrait-il suivre ?

6° Est-il constitutionnellement compétent pour toutes les matières dont il connaît aujourd'hui?

7° Enfin, si le Conseil-d'Etat n'est pas compétent pour rendre des jugemens pour le tout, ou pour partie de ses attributions actuelles, qui connaîtra du contentieux dont il connaît aujourd'hui?

Toutes ces questions sont graves, difficiles, et nous n'avons pas la témérité de les trancher. Nous prions le lecteur de ne considérer que comme de simples réflexions tout ce que nous allons dire sur chacune.

PREMIÈRE QUESTION.

Les exemples du passé se présentent d'abord à notre esprit.

En effet, après tout ce que nous avons rapporté, l'administration, sous toutes les constitutions, depuis la loi du 24 août 1790, jusqu'à l'avènement de la Charte, non seulement n'a pas été regardée comme incapable de rendre des jugemens, mais, au contraire, a été regardée comme devant exclure, absolument, les tribunaux ordinaires dans le jugement de tous les différends administratifs, c'est-à-dire nés des actes de l'administration. On lui a même attribué la préférence pour le jugement des conflits.

Mais quelque grandes que soient ces autorités, surtout celles puisées dans un régime républicain, elles ne suffisent pas ; car si, d'une part, l'Assemblée constituante a commencé à réformer, les circonstances ne lui ont pas permis de perfectionner ses réformes, et on sait qu'en matière d'institutions, la perfection ne s'impose pas, il faut le temps et l'expérience, les premiers travaux ne sont que des essais ; si, d'une autre part, la loi de fructidor an III, époque que l'on peut regarder comme la cause de la révolution et des principes républicains, a exclu les tribunaux ordinaires de la connaissance du contentieux administratif, on avouera, aussi, qu'à cette époque même l'administration était tyrannique, que, comme la justice va avec l'indépendance, une administration injuste ne peut admettre l'indépendance des tribunaux, et qu'alors elle avait grandement à cœur de n'être aucunement contrariée. Elle ne voulait pas, par exemple, que les tribunaux ordinaires pussent invalider les aliénations faites par le fisc des biens confisqués, et que dès lors ils pussent en connaître. On ne se serait pas occupé des règles, de la marche de la justice, lorsqu'il n'en existait aucune. Alors aussi les dominateurs, ne voyant rien de stable, cherchaient, dans la précipitation et dans l'arbitraire, des moyens de salut. Il ne pouvait donc, sous aucun rapport, leur convenir de s'abandonner à la lenteur et à l'indépendance des tribunaux; enfin laissons donc à l'écart ces précédens, et examinons la question en elle-même.

Or, nous croyons avoir démontré dans le chapitre II, que dans une société politique, il existe un contrat qui emporte des droits en faveur des individus et sociétés partielles reconnues envers la société entière, et des droits en faveur de la société entière envers des individus et des corporations partielles; que les représentans de l'Etat, autrement de la société entière, ont dans leurs attributions de représenter le corps entier au dehors et au dedans : au dehors, c'est-à-dire vis-à-vis les autres états, ou même vis-à-vis les individus étrangers avec lesquels le corps politique représenté a des intérêts d'une nature quelconque à régler, des engagemens à contracter ou à faire contracter, des obligations à exécuter ou faire exécuter, quelles qu'en soient la nature et la cause.

Et en dedans, des obligations à remplir envers les individus ou corporations partielles, ou à leur faire remplir envers l'Etat, pour que l'Etat puisse lui-même remplir les siennes.

Nous avons fait remarquer qu'il ne faut pas confondre les magistrats et les représentans des individus et des corporations partielles avec les représentans ou agens du corps entier, parce qu'ils sont chargés d'intérêts contraires.

La question se réduit donc à savoir si, lorsque la nation entière demande, par l'entremise des agens qu'elle a commis à cet effet, l'acquittement d'une dette quelconque de la part des individus ou des corporations partielles, s'il y a refus ou différend, ce sont les agens de la nation, en d'autres termes, les fondés de pouvoir de la nation qui peuvent connaître et doivent juger le différend, c'est-à-dire décider si ce qu'ils demandent au nom de la nation lui est bien dû, ou si ce qu'on lui demande n'est pas dû par elle.

Or le représentant et le représenté, ne faisant ensemble qu'une seule et même personne, il est évident que, vis-à-vis des individus et des masses partielles, la masse entière et ses représentans, ou ses agens, ne font qu'une seule et même personne.

Donc la nation, si ses administrateurs pouvaient et devaient juger les différends qui la concernent, serait juge dans sa propre cause, et cela est évidemment de la plus grande injustice.

On alléguerait vainement que la nation ne choisit que des représentans dignes et justes, nous en aurions eu souvent la preuve; et si, lorsqu'il s'agit d'établir des bases sociales, durables et conformes à nos lois et à nos mœurs, il convenait de faire l'éloge des hommes ou des actes en particulier, nous aurions, par suite de l'exercice de notre ministère, les traits les plus honorables à citer de plusieurs sections du Conseil-d'Etat.

Donc, tout système de gouvernement qui ne garantit pas la justice, qui est le principe fondamental de la véritable liberté, qui laisse un libre et vaste champ à l'arbitraire, est incompatible, non-seulement avec le gouvernement constitutionnel proprement dit, mais même incompatible avec la conservation du corps social. Donc, il est essentiellement inconstitutionnel que l'administration puisse rendre des jugemens entre les individus dont les intérêts sont opposés à ceux de la nation, et la nation que l'administration représente dans la gestion et la défense de ses intérêts. En un mot, il est incompatible avec l'ordre que l'on puisse être juge dans sa propre cause.

Il faut donc que l'administration soit réduite à faire des opérations, au lieu de rendre aussi des jugemens pour le compte de l'Etat, et que la justice, en toutes matières, soit rendue par des tiers indépendans. Mais tous ces graves inconvéniens peuvent disparaître, et les intérêts peuvent être tous rassurés au moment où le Roi, de concert avec les corps délibérans dans l'Etat, admettront le principe, en constituant, par une loi, des conseillers d'Etat et de préfecture, juges inamovibles chargés de prononcer sur tout le contentieux administratif.

DEUXIÈME QUESTION.

Nous venons de traiter la question de la constitutionnalité en général, voyons à présent si notre Charte repousse ou modifie, ou admet entièrement la conclusion précédente.

Elle crée les grands pouvoirs de l'Etat, et en détermine les attributions. Elle détermine notamment les fonctions de la royauté, lesquelles consistent, principalement, dans l'exécution des lois à l'intérieur, à représenter toute la nation, à l'extérieur et dans l'initiative pour les propositions de lois, mais elle ne parle aucunement du Conseil-d'Etat comme corps politique constitué. Elle n'en parle pas non plus comme tribunal, et cependant elle parle des tribunaux qui seront conservés.

Comment interpréter ce silence? En conclura-t-on que tout ce qui n'est pas nommément aboli, est de droit conservé?

Sans doute quand il s'agit principalement d'*abolir*, les choses qui ne sont pas expressément comprises dans l'abolition, semblent par là être conservées.

Mais quand, au contraire, une nouvelle constitution énumère les anciennes institutions *conservées*, elle exclut par là de la conservation, et dès-lors elle abolit toutes celles qu'elle ne comprend pas dans la catégorie de celles conservées, et cela d'après la règle *inclusio unius est exclusio alterius*.

Or, que nous disent les articles 59, 60 et 61 de la Charte? Ils nous disent :

Art. 59 : « Les cours et tribunaux *ordinaires*, actuellement existans, sont maintenus. Il n'y sera rien changé qu'en vertu d'une loi. »

Art. 60 : « L'institution actuelle des juges de *commerce* est conservée. »

Art. 61 : « La justice de paix est également

conservée. Les juges de paix, quoique institués par le Roi, ne sont point inamovibles. »

On voit par ces dispositions que les cours et les tribunaux *ordinaires* sont conservés. Mais ni le Conseil-d'Etat, ni le conseil de préfecture, n'ont jamais porté la dénomination légale de tribunaux ni de cour, et d'ailleurs ils ne seraient que des tribunaux d'exception, comme était le tribunal de commerce, comme était le conseil des prises; le Conseil-d'Etat, sous ce premier rapport, et les conseils de préfecture, ne sont donc pas maintenus par la Charte.

Le sont-ils comme tribunaux d'exception? Pas davantage; car on voit les tribunaux de commerce seuls maintenus parmi les tribunaux d'exception. Quant au conseil des prises, le Roi, législateur, a si bien entendu qu'il était aboli par la Charte, que, par l'ordonnance du 23 août 1815, il a transféré au Conseil-d'Etat le contentieux précédemment dévolu au conseil des prises.

Enfin, les considérera-t-on comme des tribunaux extraordinaires? Il me semble, d'abord, que cette dénomination ne peut s'appliquer à eux, car les tribunaux extraordinaires sont des tribunaux qui ont une existence temporaire et de circonstance. Tandis que les conseils de préfecture et le Conseil-d'Etat, ont une existence et des fonctions permanentes. Mais, en admettant que l'épithète leur convienne, l'art. 63 de la Charte défend, formellement, la création de tous tribunaux extraordinaires, et cela comme conséquence du principe posé par l'art. 62, que nul ne pourra être distrait de ses juges naturels.

Mais cette interprétation, fondée d'abord sur le silence de la Charte, a une base bien autrement solide que ce silence. Cette base réside tout à la fois, et dans l'esprit et dans la lettre de la Charte. Nous allons essayer de le démontrer.

L'art. 57 dit positivement : toute justice émane du Roi. Elle s'administre *en son nom par des juges qu'il nomme et qu'il institue.*

Si la justice s'administre par des juges que le Roi nomme, elle ne s'administre donc pas par lui-même, puisque la Charte veut qu'elle s'administre par d'autres, que *la justice émane du Roi.* Bien. (C'est là le droit.) Elle doit émaner de lui, puisque, comme chef de l'Etat, il est chargé de la justice comme des autres branches de l'administration, et il est dit expressément qu'elle émane de S. M., pour faire entendre qu'elle n'émane pas des tribunaux qui l'administrent (c'est là le fait), et que ces tribunaux ne puissent pas l'administrer en leur propre nom, mais doivent l'administrer au nom du Roi, dont ils sont les délégués dans cette partie de ses attributions générales ; mais, que le Roi lui-même l'administre, réunisse le fait au droit, c'est ce que la Charte repousse clairement par son art. 57, et cet article est parfaitement en harmonie avec l'esprit qui domine dans l'article 13. Dès-lors se trouve mis en évidence le motif qui a fait garder le silence sur le Conseil-d'Etat et le conseil de préfecture, omission dans la catégorie des tribunaux conservés.

Que se passe-t-il dans les décisions du Conseil-d'État? qui juge ou paraît ostensiblement juger? c'est le Roi lui-même; ses conseillers ne semblent pas, d'après la teneur des jugemens, lesquels sont sous la forme d'ordonnances, participer au jugement, autrement que par voie d'avis consultatif, qui ne fait pas autorité, qui n'oblige pas le Roi. C'est le Roi qui semble composer à lui seul tout le tribunal, ses conseillers ne sont pas des juges. Disons donc, en dernière analyse, qu'un tribunal où le Roi est juge, et c'est le cas du Conseil-d'Etat, existe contrairement et à l'esprit et à la lettre de la Constitution qui nous régit aujourd'hui.

Ajoutons à cela, que si l'on considère les conseillers comme juges, seulement ils ne sont pas nommés juges et institués, mais ils ne sont pas non plus inamovibles, tandis que l'art. 57 veut qu'ils soient d'abord nommés *juges*, puis *institués*, et enfin l'art. 58 veut qu'ils soient *inamovibles*, c'est-à-dire qu'ils ne puissent pas être destitués, ni être élevés plus haut malgré eux, ni être envoyés ailleurs malgré eux, parce que dans tous ces cas, il y aurait déplacement, et que ce qui est *inamovible* est ce *qui ne peut être déplacé*.

TROISIÈME QUESTION.

Avant d'examiner si les lois postérieures à la Charte ont consacré ce que la Charte prescrivait, voyons d'abord si les législateurs ont le pouvoir de déroger à la Charte.

A cet égard nous observons que la Charte est le pacte commun à tous les Français; qu'il ne peut être rompu ou modifié que de leur consentement commun; qu'il faudrait donc que les députés tinssent de leurs commettans un pouvoir spécial, pour consentir à des changemens; les députés n'ont que le pouvoir qu'on

6

leur donne où qu'on est censé leur donner, et si on ne leur donne pas un pouvoir extraordinaire et spécial, on est censé, par leur élection, ne leur donner que le pouvoir nécessaire aux fins déterminées par la Charte, et ces fins sont : 1° de voter les impôts pour l'année prochaine; 2° de recevoir le compte des impôts de l'année précédente; 3° enfin de concourir à édifier ou perfectionner les institutions réclamées par la Charte, sur le *terrain* de la Charte, non en dehors, d'après les plans qu'elle a tracés, non autrement. Telle est la nature du pouvoir qu'ils reçoivent par l'effet pur et simple de l'élection. Tout ce qui serait fait et consenti par les députés au-delà de ces limites, serait fait sans pouvoir. Ils sont mandataires pour conserver et améliorer, non pour détruire.

Il y a plus, c'est que les électeurs sont eux-mêmes des représentans, des mandataires constitués par la Charte, et qu'ils n'ont pas d'autre mandat que celui établi par la Charte, et certainement elle ne leur donne pas le pouvoir de conférer celui de la détruire. Ils ne peuvent donc conférer un pouvoir qu'ils n'ont pas reçu.

Cela posé, et aucune des diverses législatures postérieures à la Charte n'ayant jamais, en fait, été investie d'un pouvoir extraordinaire et spécial pour faire des changemens à la constitution générale, la conséquence est qu'aucune d'elles n'a pu y faire des changemens ni directement ni indirectement.

Si donc il y avait été fait des changemens sans pouvoir préalable, sans la volonté commune et expresse de tous les citoyens et du Roi, il y aurait toujours et en tout temps, lieu de rappeler à l'observation de la Charte, telle qu'elle a été établie, de demander la suppression de ce qui y serait contraire.

Il n'existe aucune loi qui s'occupe principalement de l'existence du Conseil-d'Etat et le déclare un tribunal constitutionnel; il en est parlé indirectement, et par forme de simple énonciation, dans des lois qui s'occupent principalement d'autres matières, et si ces lois renvoient quelquefois au Conseil-d'Etat, cela est tout naturel et n'emporte pas pour cela la sanction de son existence.

En effet :

La Charte a introduit en France un nouveau régime; mais si ce régime existait en théorie, si les bases en étaient tracées et déterminées, il y avait loin de là à l'application, à la pratique; car si cette pratique supposait et exigeait des institutions non encore créées, il fallait bien ajourner la mise en pratique jusqu'à ce que les institutions indispensables existassent, et la première chose à faire était de les créer; s'il y en avait plusieurs à créer, comme on ne peut pas tout faire à la fois, et que lors même que cela serait naturellement possible, on en est souvent empêché par des embarras qui surviennent soit au dedans, soit au dehors, il faut bien se résigner à ne faire que l'un après l'autre, en suivant l'ordre commandé par l'organe du besoin. En attendant, il faut bien aussi se servir des anciennes institutions si le besoin l'exige, par la même raison que celui qui fait bâtir une maison plus commode, plus régulière que celle qu'il habite, est obligé de rester sous l'abri de l'ancienne jusqu'à ce que la nouvelle soit en état de le recevoir.

Or, c'est précisément cela qui nous est arrivé, les tribunaux ordinaires n'ayant pas, d'après les anciennes lois, la connaissance du contentieux administratif, ne l'ayant pas reçue non plus par aucune loi postérieure à la Charte, il est évident qu'ils ne pouvaient se l'attribuer sans usurpation; d'une autre part, aucun tribunal, composé de juges, tel que le prescrit l'art. 57 de la Charte, n'avait été et n'a encore été créé avec attribution de ce même contentieux administratif. Il fallait pourtant bien que quelque tribunal en connût, on ne pouvait pas suspendre le cours de la justice en cette matière, il était donc, tout à la fois, naturel et nécessaire que le Conseil-d'Etat continuât ses fonctions jusqu'à ce que son *successeur* existât, fût connu et prît possession : c'est ainsi qu'il a toujours été pratiqué à l'égard de toutes sortes de fonctions publiques.

On ne peut donc regarder que comme du provisoire, comme du transitoire, les renvois faits par quelques lois au Conseil-d'Etat.

Ses décisions n'en sont pas moins valables comme telles, le Conseil-d'Etat n'ayant dû cesser ses fonctions que lorsqu'il lui aura été notifié de les cesser; car ce n'était pas à lui à se juger lui-même et à se dissoudre de son propre mouvement.

Nous conclurons de toutes ces observations, que soit les ordonnances parce qu'elles sont l'œuvre des ministres, soit les mentions ou renvois insérés dans les actes législatifs, parce qu'elles ne sont que du provisoire, n'ont pas innové et n'ont pu innover à la Charte en ce qui concerne le Conseil-d'Etat, et par suite les conseils de préfecture; que d'ailleurs tout acte qui aurait formellement consacré l'existence de ces tribunaux contre le vœu de la Charte, n'en serait pas moins rapportable comme inconstitutionnel, si le Roi et les deux premiers corps de l'Etat n'ont pas concouru à la formation d'une loi spéciale qui, en fixant le sort de l'administration, la placera dans des limites justes et déterminées, et préviendra les nombreux abus que nous avons vus naître et de l'arbitraire et des fausses interprétations.

QUATRIÈME QUESTION.

Enfin le Conseil-d'Etat juge-t-il selon les formes constitutionnelles communes à tous les tribunaux?

Nous posons cette question, parce que, ainsi que nous l'avons annoncé en commençant, le Conseil-d'Etat a été critiqué sous ce rapport à la tribune des Députés.

Les formes essentielles sont : 1° la publicité des audiences; 2° la plaidoirie orale indépendamment des plaidoyers par écrit; 3° la contradiction actuelle entre les parties; 4° la prononciation immédiate et publique du jugement sauf les cas de délibéré.

Rien de tout cela ne se rencontre dans le Conseil-d'Etat ni dans les conseils de préfecture : on plaide par mémoires, et les plaidoiries orales qui font le plus d'impression sur l'esprit du juge, la contradiction actuelle qui est propre à détruire ou à corriger la première impression, ainsi que les repliques qui produisent le même effet, moyens de connaissance qui réduisent le point de fait, le point de droit et les raisons de décider à leur véritable état, la prononciation immédiate qui est l'expression d'un sentiment, d'une connaissance vraie du point de fait, du point de droit et des raisons déterminantes, sont mises à l'écart. Les mémoires sont rapportés par un seul homme qui devient le juge provisoire, à la vérité, mais de fait, le seul juge définitif, parce que pour critiquer son rapport, il faudrait que tous les membres du Conseil-d'Etat, pour la partie du contentieux, examinassent, à leur tour, tous les mémoires et titres produits par les plaideurs, chose d'une rare et difficile exécution, quoiqu'ils en aient le droit et que, peut-être, ils l'aient fait dans quelques affaires importantes ; en sorte que l'avis du rapporteur peut n'attirer la contradiction du Conseil que lorsque cet avis est évidemment inconséquent aux faits rapportés. Ce que nous disons là, nous ne le déduisons pas de ce qui se passe à notre connaissance personnelle, nous le déduisons des ordonnances royales organiques du Conseil-d'Etat, et notamment de l'ordonnance du 23 août 1815 que l'on peut voir plus haut.

On y verra que le Roi ne siége pas au Conseil-d'Etat, quoiqu'en apparence il soit le juge suprême et unique des droits ou des questions à décider, que le jugement émane des conseillers qui ne sont pas juges, également d'après l'apparence.

Nous sentons que le Roi, sans cesse occupé des grands intérêts de l'Etat et présidant les grands conseils, ne peut pas toujours siéger; cependant il juge! sa fonction se borne à mettre sa signature à un jugement tout préparé qu'on lui présente sous la forme d'ordonnance. Les empereurs romains siégeaient en personne quand ils jugeaient des différends, et entre autres preuves nous rapporterons celle-ci extraite du titre III, loi 3 : *De his quæ in testamento delentur*, etc., où l'on voit que l'avocat du fisc et celui d'une légataire plaident, au sujet d'un testament, devant l'empereur Antonius, qui écoute, leur fait des questions, des objections, les fait retirer pour délibérer seul, les fait rentrer et prononce la sentence de sa propre bouche.

On voit que de tous temps les avocats des parties intéressées ont été entendus, même lorsque le pouvoir discrétionnaire était absolu, à plus forte raison sous l'empire des rois de la plus ancienne monarchie, sous le règne de Charles X, qui se plaît à répéter qu'il fait consister une partie de la gloire de son règne à rendre et à faire rendre la justice d'après les lois.

Sans doute les ordonnances royales paraissent avoir été faites dans un esprit paternel; mais il n'en est pas moins vrai que la justice veut des règles fixes, obligatoires, à peine de nullité, non des règles discrétionnaires qu'une autre ordonnance peut changer au gré des ministres, non des formes dont rien, pas même la publicité, aucune responsabilité ne garantissent l'exacte observance.

Disons donc, encore, que la forme de procéder au Conseil-d'Etat et au conseil de préfecture, est inconstitutionnelle; cependant il se juge au Conseil-d'Etat des procès de la plus haute importance pour ceux qu'ils concernent, qui embrassent souvent la fortune, l'existence, les droits les plus graves, les plus chers des citoyens, souvent de l'administration publique.

CINQUIÈME QUESTION.

DES RÉFORMES.

Nous avons cherché à démontrer, et nous désirons avoir réussi :

1° Que le Conseil-d'Etat et le conseil de préfecture, considérés comme conseils administratifs, ne sont pas des institutions reconnues par la Charte, auxquels la Charte confère des pouvoirs, impose une responsabilité; mais qu'elle ne les repousse pas non plus, en tant qu'ils sont des conseillers, des auxiliaires que l'administration s'est adjoints sur sa propre responsabilité, pour l'éclairer et l'aider dans ses actes.

2° Que le Conseil-d'Etat et le conseil de préfecture, considérés comme tribunaux, ne sont encore que les auxiliaires de l'administration, en ce qu'ils connaissent, comme simples conseillers choisis par l'administration et qu'elle révoque à volonté, non comme juges légalement institués du contentieux que l'administration elle-même croit avoir dans ses attributions, que sous ce second rapport ils ne font encore qu'un avec l'administration.

3° Que l'administration est un corps de mandataires du Roi qui est à leur tête ; que comme représentant souvent l'Etat, c'est-à-dire le corps entier de la société, ils n'ont pas plus de droits qu'elle, à l'encontre des individus et des fractions du corps social, qu'ils ne peuvent pas s'immiscer dans les intérêts particuliers, et qu'ils ne peuvent, comme organes de la nation entière, que demander aux fractions de la nation l'acquittement de leur dette envers la nation, et satisfaire, au nom de la nation, aux dettes de la nation envers les fractions qui le demandent, et en cas de discordance de part et d'autre, de différend, que ces organes de la nation ne peuvent se juger eux-mêmes sans violer le principe d'éternelle justice : que nul ne peut être juge dans sa propre cause ;

Que la nation n'a pas *un droit né*, dès lors un pouvoir absolu sur ses membres, sur leurs personnes, ni sur leurs biens, mais un droit, mais un pouvoir limités par des lois, comme le sont ceux des pères à l'égard de leurs enfans. (Nous embrassons cette idée que, peut-être, nos lois ont trop limité la puissance paternelle, et que, dans l'intérêt de l'ordre social, il est temps de s'occuper de cet important objet, de légères modifications promettront de certains et de grands résultats ; que, conséquemment, elle ne peut être juge, ni par elle-même ni par ses agens, toutes les fois qu'il s'agit de savoir si elle demande plus que la loi ne lui accorde, ou si elle refuse ce que la loi lui commande d'accorder ; car, autrement, elle pourrait tout demander, pouvant juger que tout lui est dû ; elle pourrait tout refuser, pouvant juger qu'elle ne doit rien. Le contrat social serait violé impunément : celui qui ne doit contribuer aux charges communes que pour une somme proportionnée à ses revenus pourrait être condamné et contraint d'y contribuer pour le tout ; celui qui ne doit contribuer de sa personne à la défense commune qu'à certain âge et dans certains cas pourrait être arbitrairement contraint à porter les armes à tout âge, et dans tous les cas, au mépris des lois contraires, et il ne serait pas étonnant que des hommes, appelés au service par l'administration, et faute d'avoir pu faire valoir leurs droits d'exemption devant des tribunaux indépendans, n'aient été reconnus, par l'administration, exempts de service qu'après leur mort sur le champ de bataille, ou qu'après qu'ils seraient devenus captifs, errans, malheureux, et pour jamais séparés de leurs familles.

Disons donc que, en quelque cas que ce soit, s'il y a différend, l'équité réclame que l'administration ne soit pas juge dans sa propre cause, et que, comme il en est ainsi aujourd'hui, elle réclame une *réforme*.

Nous avons au surplus démontré que la Charte n'a pas conservé les tribunaux administratifs, qu'elle ne confère pas expressément à l'administration le pouvoir de juger le contentieux administratif : nous déduisons la conséquence qu'elle ne l'a pas, nous serons conduits à dire que, non seulement il y a injustice, mais aussi qu'il y aurait abus. C'est donc là un nouveau motif de réforme.

Enfin, nous avons fait voir que quelles que soient les dispositions des ordonnances royales, pour donner à un tribunal placé hors de la constitution des formes de procéder tout-à-fait paternelles, et qui pussent tranquilliser les justiciables sur l'examen approfondi de leurs causes, ces dispositions sont dépourvues de sanction, et sont loin de présenter les garanties tranquillisantes que l'on trouve dans la constitution des tribunaux ordinaires; d'où il suit, que les formes même, loin de cacher et faire oublier le vice radical, celui qui consiste en ce que l'administration juge dans sa propre cause, mettent au contraire, par leur propre imperfection, ce vice complètement à découvert; c'est donc là un troisième et dernier motif de réforme.

Mais si l'équité et le besoin de garanties exigent des formes partout où il pourrait y avoir abus d'arbitraire, dira-t-on que, si généralement l'équité n'a pas été blessée dans les jugemens, ni l'arbitraire employé au-delà des justes bornes, la *nécessité* n'existe pas de réformer un ordre de choses qui a toujours été satisfaisant jusqu'à présent? S'appuiera-t-on sur les antécédens comme à l'égard de la question de constitutionnalité, pour demander le maintien du *statu quo?* Doit-on poser des garanties, quand par le fait les justiciables ne sont pas dans le besoin d'en invoquer?

A cet égard il nous semble que, tant que l'on voudra vivre sous le régime de la Charte, elle doit être l'évangile politique, qu'elle doit être le principe, la base sacrée immuable de toutes les institutions et de toutes les lois; qu'on doit, comme le fait le souverain lui-même, la regarder comme la vérité même à laquelle non-seulement il ne faut pas toucher, mais au contraire tout rapporter.

De telle sorte qu'en la regardant comme principe, si les lois, qu'on a faites depuis son existence, ne s'y rapportent pas en tout, ou en partie, n'en sont pas l'exacte conséquence, ce n'est pas la Charte qu'il faut changer pour qu'elle s'accorde avec la nouvelle loi, c'est la nouvelle loi qu'il faut ou rapporter entièrement, quand elle est essentiellement en désaccord avec le principe, qu'elle le contrarie au lieu d'en être la conséquence, ou modifier quand elle pèche accessoirement, et qu'il y aura nécessité de rapporter ou modifier successivement les lois, tant que l'expérience fera voir qu'elles pèchent en quelque chose, et que leur rigoureuse application blesse en quelque chose l'esprit de la Charte.

De telle sorte aussi qu'en regardant la Charte comme base, comme fondement des institutions, toute institution qui existe à côté de cette base, en tout ou en partie, ou qui, reposant en entier sur cette base, n'est pourtant pas construite selon ce plan et dans la partie prescrite par la Charte, sera toujours sujette ou à démolition totale, ou à démolition partielle et changement de distribution.

Il nous semble conséquemment que tant qu'on voudra, nous le répétons, vivre sous le régime de la Charte, on aura, par cela même, la volonté de posséder toutes les garanties qu'elle donne, afin de pouvoir y recourir quand le besoin naîtra, et conséquemment d'avoir des institutions où on puisse les trouver.

Or, la nécessité de se prémunir pour l'avenir, *est une nécessité toujours présente, car chaque jour peut être la veille du jour où l'on aura besoin de faire usage d'une garantie.*

Il y a aujourd'hui, non-seulement convenance, mais aussi nécessité de donner une institution constitutionnelle aux tribunaux administratifs.

S'il en était autrement, plus on ajournerait, moins tôt on pourrait jouir des bienfaits de la Charte, et certes, la tranquillité, la sécurité présentes et à venir sont une portion notable du bonheur que nous devons retirer de la Charte. Il faut qu'à chaque instant, chacun puisse se dire : « *Si mon droit est jamais méconnu, est jamais violé, j'aurai tel moyen légal pour y remédier, pour obtenir réparation*. Tant qu'on ne peut pas se tenir à soi-même ce langage, on n'est pas tranquille, on est toujours sur le *qui-vive*, on n'est pas heureux, car on ne peut pas compter sur la protection des lois, et toutes ces dispositions conservatrices *sont dans le cœur du Roi*, elles émanent de ces réponses franches faites à cet empressement national manifesté dans toutes les parties de son vaste royaume; s'il en était autrement, dirons-nous encore, si, tandis que nous en avons déjà la majeure partie, on négligeait de créer ou perfectionner, dès qu'on le peut, les autres institutions réclamées par la Charte, d'abandonner et faire disparaître celles qu'elle désavoue, en un mot, d'achever l'édifice social dans son ensemble et dans ses parties, afin d'avoir un jour un édifice parfait et complet fondé sur la Charte, et qui devienne l'asile commun de tous les droits lésés, le sanctuaire de toute justice, l'état de notre organisation ressemblerait assez à un nouveau palais inachevé, très-beau dans son centre et laissant des ruines çà et là, point d'accord, point d'harmonie. Est-ce donc là l'image que nous devrions toujours avoir de nos institutions?

Mais non, il n'en sera pas ainsi. D'une part il est impossible de douter du désir de vivre sous le régime de la Charte, dans l'union de la majorité des peuples ce désir forme maintenant une partie de l'existence des Français, il se manifeste partout chaque jour de plus en plus, il se manifeste même d'une manière solennelle à la tribune de la chambre des Pairs et des Députés; d'un autre côté, le gouvernement s'empresse de présenter les projets de lois que la voix publique et la Charte réclamaient. Il sent que ce n'est pas faire des concessions à l'esprit révolutionnaire (abhorré par la masse de la nation), que de donner ce que la Charte a promis à tout ce que la révolution peut avoir eu de bien, de grand, de moral et d'utile, ce qui est bien et juste dans tous les temps et dans tous les lieux. Enfin, les voix se multiplient de jour en jour pour solliciter une régularisation du Conseil-d'Etat; il n'est donc pas douteux que le gouvernement, sous un ministère qui se montre si plein d'un bon esprit, fixera particulièrement et le plus tôt possible, son attention sur cette matière importante, et qu'il proposera aux Chambres les moyens de faire cesser les vices dont on se plaint.

Nous n'oserions indiquer comment il nous paraît que pourrait s'opérer la réforme. Cependant nous pouvons indiquer nos vues, persuadés qu'elles seront jugées avec la bonne foi qui vient les émettre, dans le seul intérêt du pays.

Premièrement. Séparer purement et simplement toutes les fonctions judiciaires, des fonctions administratives, et conséquemment toutes les fonctions administratives, des fonctions judiciaires, quant aux matières contentieuses dont connaissent aujourd'hui le Conseil-d'État et les conseils de préfecture.

Deuxièmement. Déterminer qui connaîtra du contentieux dit *administratif*.

Troisièmement. Régler le mode de procéder à l'égard du contentieux administratif.

CHAPITRE V.

DE LA SÉPARATION DES FONCTIONS ADMINISTRATIVES D'AVEC LES FONCTIONS JUDICIAIRES.

Cette séparation est la première chose à faire, si l'on veut rentrer dans la voie de l'équité. Quelques précautions que l'on prenne, on ne parviendra jamais à faire que l'administration soit un juge compétent de ses propres actes aux yeux des hommes les moins éclairés. Il faut donc commencer par détruire un principe fondamental essentiellement vicieux.

Qu'est-ce qui pourrait s'opposer à cette séparation ? Nous n'apercevons que deux raisons et encore faiblement proposables, l'une, que pour connaître des matières administratives, il faut avoir la science de l'administration; l'autre, qu'il importe souvent que le contentieux administratif soit jugé promptement, ce qui exclut les lenteurs que l'on éprouve devant les tribunaux réguliers; mais on va voir que ces deux objections cessent devant le plan que nous proposons.

Cette séparation une fois admise en principe, il en résultera que le Conseil-d'État et les conseils de préfecture, considérés comme les auxiliaires de l'administration, seront formés en tribunal administratif, pour connaître du contentieux administratif.

Mais qui connaîtra du contentieux administratif ?

Sera-ce les tribunaux ordinaires ? Le contentieux administratif rentrera-t-il dans le droit commun ? ou bien sera-t-il jugé exceptionnellement ?

A l'égard des tribunaux ordinaires, il nous semble que les plus fortes raisons s'y opposent ; entr'autres c'est que ces tribunaux sont déjà surchargés d'affaires, et qu'il n'y a peut-être pas un tribunal qui, malgré sa diligence, ne soit en arrière plus ou moins; l'autre est une de celles que nous avons signalées plus haut, c'est-à-dire que les lois administratives, les ordonnances, les réglemens, les instructions ministérielles qui les ont suivis forment un corps de droit public immense et tout-à-fait séparé, il y aurait, nous le pensons, de graves inconvéniens à les réunir, et ce ne serait vraiment pas dans l'intérêt véritable des administrés. Nous regrettons de nous trouver, sur ce point, en contradiction avec des hommes profondément instruits et dignes de leur célébrité ; mais une longue étude semble nous avoir appris que le mouvement, dans la rotation des affaires qui ressortissent de l'administration publique, n'est pas le même; que d'un côté il est besoin de plus de rapidité dans l'aperçu et dans le jugement, et que la sage lenteur de questions toutes judiciaires, les années écoulées pour disposer et connaître la décision définitive, n'iraient pas à l'ouverture d'un chemin, à la mise en activité d'une manufacture, à l'exploitation d'établissemens ou de produits utiles; j'ai longuement réfléchi sur ce point, et je me persuade qu'un peu d'expérience et l'habitude de l'administration publique et tout à la fois de l'étude du droit, me feront comprendre.

On a raison d'exiger des études, toutes spéciales, et une longue pratique pour fortifier la théorie. Or, cela ne peut pas se rencontrer dans les hommes qui ne se sont jamais occupés que du droit civil.

Il y a, donc, pour les matières administratives, bien plus de raison pour en attribuer la connaissance à des tribunaux exceptionnels et composés d'hommes versés dans la science théorique et pratique de l'administration et du droit, qu'il n'y en a eu pour déférer à des commerçans le jugement des différends commerciaux, à des tribunaux correctionnels, le jugement des matières correctionnelles, etc.

Nous pensons qu'il conviendrait de convertir le comité du contentieux au Conseil-d'Etat, en une *cour administrative supérieure*, laquelle serait instituée selon le vœu de la Charte, composée de conseillers inamovibles et indépendans. Ces fonctionnaires auraient, sans contredit, le poste, ou plutôt la retraite la plus honorable à laquelle pussent aspirer les anciens administrateurs que le Prince croirait devoir récompenser pour leurs longs et loyaux services; et la majeure partie des membres du Conseil actuel, ayant acquis l'expérience d'un grand nombre d'années et ayant donné des preuves de lumières et d'une stricte équité, seraient très-propres à ce tribunal élevé, qui pourrait également être formé par des procureurs-généraux, par des présidens de Cours royales, par d'anciens préfets; mais à l'avenir et dans un délai déterminé, nul n'y serait admis s'il n'avait fait l'étude du droit administratif et du droit civil; on pourrait même par économie ne pas cumuler les traitemens des magistrats supérieurs appelés à prononcer sur de si grands intérêts.

C'est ainsi qu'en 1790, la Cour de cassation et ses attributions sortirent du sein du Conseil-d'Etat.

C'est ainsi que se trouverait résolue la difficulté qui occupe tous les esprits.

Il nous semble, aussi, qu'il ne devrait y avoir que cette Cour pour toute la France, de même qu'il n'y a qu'une Cour des comptes, qu'une Cour de cassation, car il n'y a pas une abondance d'affaires telle, qu'elle exige la division du service entre plusieurs Cours.

Par suite, il conviendrait de créer un premier degré de juridiction, c'est-à-dire un tribunal administratif contentieux par chaque département. Ce tribunal se composerait, encore, d'anciens administrateurs qui seraient institués juges et inamovibles, et qui ne pourraient être choisis que parmi des hommes ayant fait l'étude du droit civil et du droit administratif, sauf ceux qui auraient déjà exercé, avant la promulgation, comme conseillers de préfecture, pendant plus de deux années; car, tout en demandant une marche régulièrement en accord avec la constitution, nous ne venons pas déclarer la guerre aux fonctionnaires qui ont servi l'Etat et leur pays; nous ne voyons que la masse des intérêts, et nous désirons mettre les institutions en harmonie entre elles.

A présent, quelle sera la compétence du tribunal administratif, quelle sera celle de la Cour administrative?

Quant à la *matière*, nous entendons par contentieux administratif tout différend qui s'élève entre les individus ou universités d'une part et l'administration de l'autre, par suite d'un fait ou acte de l'administration, quand la contention est appuyée sur un droit prétendu, soit en vertu de la Charte ou de toute autre loi, soit en vertu d'un contrat intervenu entre l'administration et l'autre partie contendante ou ses auteurs.

Par cette définition nous en écartons tout différend où la nation n'est pas intéressée, quoique le différend naisse d'un acte de l'administration, notamment dans les circonstances où l'Etat n'est pas mis en cause ou ne peut l'être ; car nous ne voyons pas pourquoi, aujourd'hui surtout, que l'indemnité a mis fin aux inquiétudes des acquéreurs et à la garantie morale qui pesait sur la nation, on redouterait l'examen des questions de biens nationaux par des juges administratifs, qui seraient indépendans, et qui ne pourraient être influencés par aucun ressentiment contre la révolution ; d'ailleurs, presque tous les contrats de vente ont reçu leur interprétation, et il reste très-peu de ces sortes d'affaires à examiner.

Mais aussi, par cette définition nous y faisons entrer la connaissance de toute opposition aux demandes et exigences de l'administration.

Si, comme nous le présumons, nos vues et nos intentions peuvent attirer quelque attention des hommes qui, par leurs connaissances et par leurs études, sont aptes à juger de ces matières, nous pourrions donner par supplément l'analyse des différends, des questions, des affaires qui seraient portées devant le conseil-supérieur de l'administration, formé par des conseillers-d'Etat, et des conseils de préfecture formés par des hommes versés dans la connaissance des lois et de l'administration publique.

Mais on apercevra, au moins, le but vers lequel tendent principalement nos regards. Nous n'entendons pas présenter un projet de loi, mais seulement des observations.

Quant à l'étendue de la compétence, toute contestation serait portée, d'abord, devant les tribunaux administratifs, ces tribunaux jugeraient en dernier ressort jusqu'à concurrence d'une certaine somme, quand la matière serait susceptible d'évaluation; hors ce cas et au-delà de cette somme, ils ne jugeraient qu'à la charge de l'appel. Toute décision ministérielle portant préjudice à un particulier, ou aux établissemens, serait, comme cela se pratique aujourd'hui, portée directement à la Cour supérieure, s'il y avait appel de la part des parties intéressées.

Les appels seraient portés devant la Cour supérieure administrative, qui serait divisée en deux sections, la section des requêtes pour l'examen et la compétence pour reconnaître l'attribution de l'autorité administrative, ou le renvoi à qui de droit, pour prononcer s'il y a lieu à admission, en relatant les motifs de l'arrêt, soit pour l'admission, soit pour le rejet. La Cour supérieure administrative serait composée de huit magistrats pour chaque section, outre un certain nombre de maîtres des requêtes rapporteurs, parmi lesquels il serait nommé des avocats généraux pour chaque section.

Il y aurait, également, un procureur-général du Roi ayant rang de ministre d'Etat. Cette Cour jugerait en dernier ressort et sans recours en cassation; par ce moyen toutes les affaires administratives obtiendraient une prompte décision à laquelle présideraient une bonne jurisprudence et une constante équité. La Cour ne pourrait évoquer aucune affaire.

On sent, en effet, que la Cour administrative étant unique dans le royaume, si ses décisions étaient déclarées susceptibles de cassation et déférées à la Cour de cassation actuelle, cette dernière Cour ne pourrait pas renvoyer le jugement du fond à une autre Cour administrative; d'ailleurs la Cour actuelle de cassation aurait besoin d'être augmentée d'une section. La dépense serait à peu près la même, et les degrés de juridiction, ni la marche ne ressemblant pas à la marche des affaires judiciaires [1], il ne faudrait pas, en innovant, troubler l'har-

[1] Il n'y aurait presqu'aucun frais d'établissement, et les conseillers d'état, magistrats à vie, pourraient siéger avec dignité dans les locaux à ce déjà destinés au Louvre, où tous les bureaux sont établis.

monie et jeter les fondemens d'une oligarchie de principes qui deviendrait très-préjudiciable au jugement des affaires et à l'Etat. D'ailleurs pourquoi la Cour administrative, composée des hommes les plus éminens, les plus instruits dans la science des lois administratives, n'aurait-elle pas, en cette partie, la même autorité que la Cour de cassation, comme l'a, en ce moment, le Conseil-d'Etat, surtout si l'on considère que la publicité des débats et des décisions offrirait la plus forte garantie que l'on puisse désirer de la soigneuse application des lois?

Au moyen de ce que toute contestation devrait d'abord être portée en première instance et de ce que la Cour ne pourrait pas évoquer, il n'y aurait pas lieu au reproche de centralisation, puisque, à l'exception des pourvois contre les décisions ministérielles, les différends recevraient jugement dans les départemens, le plus grand nombre en dernier ressort, et quand il y aurait cassation, le renvoi serait fait au tribunal d'un département voisin. Tous les réglemens, décrets, ordonnances sur la formation des anciens avocats aux Conseils et sur leurs nouvelles attributions, seraient maintenus pour la suite des affaires portées devant la Cour supérieure, la seule innovation serait les plaidoiries publiques et contradictoires.

DES FORMES DE PROCÉDER.

Un des motifs que nous croyons avoir été dominant dans la résolution prise par l'assemblée constituante d'interdire aux tribunaux ordinaires toute mesure de nature à *troubler* l'administration dans ses opérations, n'était, évidemment, comme le prouve la défense, que l'administration ne devait pas éprouver d'entraves étrangères qui pussent la gêner, l'arrêter, mais non qu'elle pût être injuste, quand il s'élèverait des oppositions, des plaintes, des réclamations légitimes de la part des personnes lésées; elle crut que l'on pouvait accorder une confiance aveugle dans l'administration elle-même pour le jugement impartial des différends.

Nous croyons avoir démontré combien cette confiance est environnée de dangers et combien le principe est inique, reste maintenant le motif de la célérité.

A cet égard, il nous semble que l'administration doit examiner mûrement, et en laissant à la défense tous les délais qu'exigent la raison et l'équité : si, par exemple, le propriétaire, dont l'administration prend le terrain pour une route, n'a pas reçu *préalablement* une juste indemnité et qu'il s'oppose à la prise de possession, qui serait alors un envahissement, l'administration peut-elle passer outre sans violer l'article 545 du Code civil et l'article 10 de la Charte, qui fait cesser la modification posée par la loi du 8 mars 1810? Ne doit-elle pas s'arrêter jusqu'à ce que l'indemnité ait été fixée et payée? Si donc elle s'arrête pour ne pas violer la loi et l'équité; si elle supporte les retards qu'apporte à ses opérations le besoin de la justice, il importe fort peu, sous ce rapport, que l'opposition soit jugée par elle-même ou par un tribunal indépendant, ce n'en sera pas moins un retard; et si, dans son jugement, elle met elle-même la lenteur, l'attention qu'exige l'impartialité, peu importe, encore, que le retard existe pendant que l'administration elle-même connaît, ou pendant que le tribunal indépendant et désintéressé connaît, le retard n'en sera pas moins le même. Donc, de toute manière, il peut y avoir autant de retard dans les opérations de l'administration, quand elle connaît elle-même, que quand c'est un autre tribunal; et quand c'est un autre tribunal, il y a cet avantage que l'administration ne juge pas dans sa propre cause. Rien n'empêche d'ailleurs que l'administration n'examine la chose par elle-même et ne prévienne par un jugement des lenteurs, en satisfaisant au plus tôt à la demande de l'opposant.

Tout ce que l'administration peut donc désirer de plus raisonnable, ce n'est pas de juger elle-même, pour pouvoir aller plus vite dans ses opérations; mais c'est que des formes particulières, des détails plus ou moins longs selon la nature des différends, des mesures provisoires et conservatoires soient établies par une loi spéciale pour les matières administratives, c'est-à-dire qu'il y ait un Code de procédure administrative; tout comme il serait fort important que les règles administratives, qui ne sont pas transitoires et qui ne tiennent pas aux localités, fussent réduites à un seul code.

C'est ce Code de procédure administrative qu'il faudrait disposer pour le mettre en pratique dès que la Cour et les tribunaux administratifs se trouveraient organisés et institués.

Les ministres, premiers conseillers du Roi, paraissent s'occuper d'une manière si intime et si franche des intérêts du pays, ils ont déjà relevé tant de monstrueuses défectuosités, qu'il leur appartient de nous sortir de ce chaos, de cette incohérence qui embarrassent l'administration, qui l'inquiètent, qui l'entravent, et de réduire en points de doctrines fixes et positives, cette masse de matériaux préparés bien plus pour les circonstances, pour les besoins du moment, que pour l'intérêt de la masse des citoyens et de l'Etat.

www.ingramcontent.com/pod-product-compliance
Ingram Content Group UK Ltd.
Pitfield, Milton Keynes, MK11 3LW, UK
UKHW022109190726
13855UKWH00002B/748

9 782013 067980